Dr. Wolfram Viefhues

STRAFRECHT

Besonderer Teil 1

COPYRIGHT: Richter-Verlag
               Hans-Peter Richter
               Paul-Schroeder-Straße 18
               24229 Dänischenhagen
               Tel. 04349-1725
               Fax 04349-571
               e-mail: RICHTER-VERLAG@t-online.de
               Website: www.Richter-Verlag.de

Druck und Verarbeitung: Druckerei Schmidt & Klaunig, Kiel

Weitere Bücher dieser Reihe sind erhältlich über den Buchhandel oder direkt vom Verlag.

8. Auflage 2014

ISBN 978-3-935150-08-8

INHALTSÜBERSICHT

Einleitung

Warum dieses Buch?

Das Angebot an Lehr- und Lernbüchern und sog. Skripten ist inzwischen nahezu unüberschaubar. Wie sollen sich also Studierende orientieren, die einen Einstieg in das Strafrecht BT suchen?

Während die Professoren überwiegend das klassische Lehrbuch empfehlen (am Liebsten natürlich das eigene!) und alle Arten von Skripten verteufeln, greifen Studierende zu Recht lieber zu leichterer und preiswerterer Kost. Diesem Bedürfnis der Studierenden nach einer knappen aber ausreichenden Darstellung trägt dieser *Grundkurs Strafrecht BT1* Rechnung. Es werden die **wesentlichen Grundzüge der Eigentums- und Vermögensdelikte** verständlich erläutert und an einfachen **Fällen** veranschaulicht. Durch **Wiederholungsfragen** wird schließlich eine Lernkontrolle ermöglicht.

So können Studierende wegen des überschaubaren Umfangs und der leicht nachvollziehbaren Art der Darstellung die wesentlichen Grundlagen des Stoffs **in kurzer Zeit erarbeiten**.

Um diesen Anliegen gerecht zu werden, wurde bewusst die Verarbeitung von Literatur und Rechtsprechung in Form von Zitaten auf die wichtigsten Quellen beschränkt und die sprachliche wie gedankliche Ausgestaltung sind ebenfalls diesem Zweck angepasst, um so ein möglichst unproblematisches Durcharbeiten zu gewährleisten.

Der Stoff wird nur soweit vertieft wie es nötig ist, so dass der "rote Faden" zum ersten Verständnis erhalten bleibt. Dementsprechend werden Streitstände und abweichende Ansichten nur an unumgänglichen Stellen erwähnt (auch wenn dabei bewusst die sog. "Wissenschaftlichkeit" des Werkes auf der Strecke bleibt!).

Dieses Buch will und kann das "klassische Lehrbuch" oder eine *gute* Vorlesung nicht ersetzen sondern es soll diese Lehrangebote ergänzend vorbereiten.

Die Gebrauchsanweisung für dieses Buch

Das Buch enthält jeweils drei große Blöcke:

1. **Stoffvermittlung**
2. **Fallbearbeitung**
3. **Wiederholung / Lernkontrolle**

Die **Stoffvermittlung** enthält eine straffe Darstellung der wesentlichen Grundzüge des zu behandelnden Stoffes.

In der **Fallbearbeitung** wird die Anwendung dieses Stoffes auf einen einfachen Fall geübt.

Die **Lernkontrolle / Wiederholung** erfolgt anhand von Fragen zum vorangegangenen Stoff. Die stichwortartigen Antworten sollte man zunächst für eine ernsthafte Selbstkontrolle abdecken.

Zu Beginn sollte der Leser den jeweiligen Stoff gründlich erarbeiten, d.h. der Stoffteil muss gelesen, verstanden und gelernt werden! Sodann ist der Bearbeitungsfall selbständig zu lösen und anschließend mit der Musterlösung zu vergleichen. Am Ende des Kapitels sollen die Wiederholungsfragen unbedingt beantwortet werden.

Hat man auf diese Weise Kapitel für Kapitel durchgearbeitet, empfiehlt es sich, in einem zweiten Durchgang zunächst noch einmal die Fälle selbständig zu lösen. Auch die Wiederholungsfragen sollte man nochmals beantworten (aufschreiben, welche Fragen nicht gewusst wurden und im Stoffteil des Buches nacharbeiten!). Soweit Literaturangaben vorhanden sind, sollte der Leser diese vertiefende Literatur nunmehr durcharbeiten. Konnten die Wiederholungsfragen nicht beantwortet werden, sollten diese zum Schluss nochmals bearbeitet werden. Auf diese Weise ist ein optimaler Lerneffekt gewährleistet.

Das Lernziel besteht nun aber nicht nur aus der dogmatischen Erfassung und Durchdringung des dargelegten Stoffs im „Strafrecht BT", sondern es sollte zumindest auch im Erlernen der Anwendung dieser Inhalte auf Fälle liegen. Unerheblich, ob in den Leistungsnachweisen während des Studiums, im Examen oder später in der täglichen Berufspraxis: der Jurist wird stets mit einem Fall konfrontiert, den er zu bearbeiten und auch entsprechend zu lösen hat.

Die Arbeit der Studierenden muss daher zwei Bereiche umfassen:
* Erfassung des Stoffes und
* dessen Anwendung auf vorgegebene Fälle.
Aus dieser Aufgabenstellung folgt auch der Aufbau des Skriptums.

Der vorliegende neunte Band der Reihe Juristische Grundkurse, StGB, Besonderer Teil 1, stellt als Fortsetzung des Strafrecht AT die Vorschriften des BT aus dem Bereich der Eigentums- und Vermögensdelikte dar. Dabei wird - insbesondere beim Betrug - bewusst nur die Grundstruktur dieser Bereiche dargestellt, die zahlreichen Streitigkeiten und Einzelprobleme werden nicht abgehandelt, um gerade für Einsteiger die Materie nicht zu kompliziert zu machen und den „roten Faden" nicht verloren gehen zu lassen.

1. KAPITEL

Diebstahl gem. § 242 StGB

Prüfungsschema zu § 242 StGB

A. Tatbestand
  I. objektiver Tatbestand
    1. fremde bewegliche Sache
    2. Wegnahme
  II. subjektiver Tatbestand
    1. Vorsatz hinsichtlich aller Merkmale des objektiven Tatbestandes
    2. Absicht, sich oder einem Dritten die Sache rechtswidrig zuzueignen
      a. Zueignungsabsicht
      b. objektive Rechtswidrigkeit der Zueignung
      c. Vorsatz bzgl. dieser Rechtswidrigkeit
B. Rechtswidrigkeit
C. Schuld
D. ggf. Strafzumessungsregel § 243 StGB
   ggf. Antrag als Strafverfolgungsvoraussetzung § 247 StGB oder § 248 a StGB

Fremde bewegliche Sache

Sache

Tatobjekt eines Diebstahls sind **alle körperlichen Gegenstände i.S.d. § 90 BGB**. Dabei kommt es nicht auf deren Wert an, denn auch völlig wertlose Dinge können Tatobjekt eines Diebstahls sein. Unerheblich ist auch der Aggregatzustand, so dass auch Gas, Flüssigkeiten oder sogar Dampf gestohlen werden können - nicht aber Energie und Kraft, da diese nicht körperlicher Natur sind. Im Falle des Diebstahls von Tieren sind die Vorschriften für Sachen entsprechend anzuwenden (§ 90a S.3 BGB).

Auch auf die Legalität des Besitzes kommt es nicht an, daher können auch Diebesgut, Falschgeld und sogar Drogen dem Diebstahl unterfallen
(BGH NJW 06, 72; Sch/Sch-Eser/Bosch § 242 Rn. 19, Mitsch Strafrecht BT II/1 § 1 Rn 34)

Körperteile und in den Körper eingesetzte Teile (Implantate wie z.B. Herzschrittmacher, Prothesen, Goldzähne) werden mit der Trennung vom Körper eigenständige Sachen. Auch eine Leiche ist eine Sache i.S.d. § 242. Beachten Sie insoweit aber die Sondervorschrift des § 168 StGB.

Auch ein Personalausweis kann taugliches Objekt eines Diebstahls sein. Die Zueignung eines Personalausweises ist nicht dadurch ausgeschlossen, dass er im Eigentum der Bundesrepublik Deutschland steht (vgl. § 1 Abs. 7 Satz 2 PersonalAuswG).

beweglich

Beweglich sind alle Gegenstände, die von ihrem bisherigen Standort entfernt werden können **(beweglich im natürlichen Sinn)**. Dabei reicht es aus, wenn die Sache durch die Tat beweglich wird.

> *Bsp.: Der N hat seinen Garten mit einem schmiedeeisernen Gitter abgeteilt, das fest mit dem Grundstück verbunden ist. Der D bricht das Gitter aus seiner Verankerung und transportiert es ab. - Indem die Verbindung des Gitters mit dem Grundstück beseitigt wird, wird das Gitter beweglich und damit taugliches Diebstahlsobjekt.*

> *Weitere Beispiele: ausgebrochene Goldzähne; Feldfrüchte, die mit dem Boden verbunden sind; Latten eines Lattenzaunes; Gebäudeteile (z.B. Heizung; Waschbecken).*

Bitte bedenken Sie, dass durch das Ablösen der Sache regelmäßig auch tateinheitlich der Tatbestand der Sachbeschädigung (§ 303 StGB) verwirklicht wird.

fremd

Fremd ist eine Sache, die einem anderen als dem Täter gehört.

Maßgebend ist die zivilrechtliche Eigentumslage. Welche andere Person tatsächlich Eigentümer der Sache ist, ist irrelevant. Eine Sache ist dann jedenfalls nicht fremd, wenn der Täter selbst Alleineigentümer der Sache ist oder die Sache herrenlos ist. Herrenlos sind Sachen, an denen der Eigentümer in der Absicht des Eigentumsverzichts den Besitz aufgegeben hat (sog. Dereliktion, vgl. § 959 BGB).

Beachten Sie: steht die Sache im Eigentum mehrerer Personen, hat keiner von diesen Alleineigentum. Daher ist die Sache für jeden der Miteigentümer (bzgl. der anderen Miteigentumsanteile) fremd.

Oftmals finden im Zusammenhang mit der Tat Handlungen statt, aus denen sich möglicherweise eine *Übereignung an den Täter* ergeben kann. Beachten Sie auch die Möglichkeit des *gesetzlichen Eigentums-erwerbs* durch Verarbeitung oder Vermischung (§§ 946 ff BGB). Es ist dann nach §§ 929ff BGB die Eigentumslage zu prüfen. Denn:

Zivilrecht
ist auch in einer Strafrechtsarbeit Bestandteil der Lösung, also durchaus „nicht verboten"!

Bsp.*: Der T findet eine Brieftasche, in der eine Scheckkarte und ein Zettel mit der PIN-Nummer liegen. Hocherfreut über diesen Fund geht er zum nächsten Geldautomaten und hebt dort 1.000 € ab. - Fraglich ist, ob es sich um eine fremde Sache handelt. Der berechtigte Benutzer des Geldautomaten erhält die Geldscheine von der Bank übereignet. Der T erlangt hier aber an dem unberechtigt unter Benutzung der gefundenen Scheckkarte und der beiliegenden PIN des Kontoinhabers bei der Bank abgehobenen Geld kein Eigentum, da die Bank dieses Geld ausschließlich dem durch die bedingungsgemäß geheim zu haltende PIN ausgewiesenen Kontoinhaber übereignen will (LG Frankfurt NJW 1998, 3785).*

Bsp.*: Der kinderlose E, der noch mit der F verheiratet ist, macht sein Testament, indem er seinen letzten Willen mit der Schreibmaschine niederschreibt und dann eigenhändig unterschreibt. In diesem Testament wird seine Geliebte G zur Alleinerbin gemacht. Als der E stirbt, schafft die G eine wertvolle Münzsammlung beiseite. - Die Münzsammlung ist eine für G fremde Sache, wenn sie nicht Eigentümerin geworden ist. Sie könnte Eigentümerin als Erbe des E geworden sein (§1922 BGB), wenn das Testament wirksam wäre. Ein privates Testament muss aber eigenhändig geschrieben sein (§ 2247 BGB); hierzu reicht die eigenhändige Unterschrift nicht aus. Das Testament ist daher unwirksam und hat die G nicht zur Eigentümerin gemacht. Eigentümerin ist vielmehr kraft gesetzlicher Erbfolge die Ehefrau F. Somit ist die Münzsammlung für G eine fremde Sache und sie begeht einen Diebstahl.*

Bsp.*: Der Erblasser E hat in einem notariellen Testament seinen Sohn S zum Alleinerben eingesetzt und seiner Geliebten G ein wertvolles Bild vermacht. Als der E stirbt, schafft die G das Bild beiseite. - Das Bild ist für G eine fremde Sache, wenn sie nicht Eigentümerin geworden ist. Eigentümer ist der S aufgrund des wirksamen notariellen Testaments (§1922 BGB). Das Vermächtnis verschafft der G gem. § 2174 BGB nur einen schuldrechtlichen Anspruch auf Übereignung des vermachten Bildes gegen den Erben S, aber kein Eigentum. Somit ist das Bild für G eine fremde Sache, aber wegen des bestehenden Anspruchs fehlt es an der Rechtswidrigkeit der Zueignung.*

Bsp.*: Der D entwendet dem X ein Päckchen mit illegalen Drogen. Auch illegal besessene Gegenstände können taugliches Objekt eines Diebstahls oder Raubes sein (BGH NJW 2006, 72).*

Bsp.*: M hat am Straßenrand Sperrmüll abgestellt, darunter auch alte technische Geräte. Vor der Abholung durch das Entsorgungsunternehmen nimmt der A, der als Sammler bekannt ist, diese Geräte an sich. Hier liegt kein Diebstahl vor. Denn es handelt sich um einen typischen Fall der Dereliktion. M wollte die an den Straßenrand gestellten Dinge loswerden und es ist ihm dabei egal, wer diese Dinge letztlich mitnimmt.*

Bsp.*: R hat für die Altkleidersammlung der Gemeinde Anziehsachen und altes Schuhwerk an die Strasse gelegt. Dieses Sammelgut ist nicht herrenlos; es ist für die Kirche gedacht und somit für Dritte „fremd"*

Wegnahme

Die Tathandlung des § 242 StGB besteht in der Wegnahme der fremden Sache.

Das Tatbestandsmerkmal der Wegnahme setzt sich zusammen aus dem Bruch fremden Gewahrsams und der Begründung neuer – nicht unbedingt tätereigenen - Gewahrsams.

> **Wegnahme ist der Bruch fremden und die Begründung neuen Gewahrsams.**

Bruch fremden Gewahrsams

Gewahrsam

Gewahrsam ist die tatsächliche Sachherrschaft eines Menschen über eine Sache, die von einem natürlichen Willen getragen wird.

Der Begriff des Gewahrsams enthält somit eine objektive (Sachherrschaft) und eine subjektive (entsprechender Wille) Komponente. Gewahrsamsinhaber kann nur eine natürliche Person sein. Voraussetzung für das Bestehen von Gewahrsam ist, dass eine **unmittelbare Einwirkung** auf die Sache ohne das Entgegenstehen wesentlicher Hindernisse erfolgen kann. Nur dann existiert die erforderliche tatsächliche Sachherrschaft.

Der Gewahrsamsbegriff ist nicht rein faktisch, sondern mehr im Sinne einer sozialen Zuordnung orientiert, so dass auch an den Gegenständen, die **sich in einer generellen Herrschaftssphäre** einer Person befinden, Gewahrsam bestehen kann.

Bsp.: Der Wohnungsinhaber hat Gewahrsam an allen in der Wohnung und im befriedeten Besitztum befindlichen Sachen und zwar auch während seiner vorübergehenden Abwesenheit. Unerheblich ist dabei, ob die Sachen offen, verschlossen, gesichert oder ungesichert in der Wohnung verwahrt werden.

Wesentliche Hindernisse für eine Einwirkungsmöglichkeit können sich auch aus einer **nahen körperlichen Zuordnung** ergeben.

Bsp.: Der Wohnungsinhaber hat keinen Gewahrsam an den Gegenständen, die eine Besucherin in ihrer Jacken- oder Handtasche trägt.

Ein einmal bestehender Gewahrsam endet regelmäßig erst dann, wenn die tatsächliche Herrschaftsmacht nach der sozialen Anschauung einer anderen Person oder keiner Person mehr zugeordnet wird.

Bsp.: Der Autofahrer A stellt sein Fahrzeug für einige Tage auf dem Parkplatz des Flughafens ab und fliegt in den Urlaub. - Er behält den Gewahrsam am PKW, denn jeder PKW auf einem Parkplatz wird einer bestimmten bzw. bestimmbaren Person zugeordnet.

Bsp.: Der Autofahrer B stellt sein Fahrzeug ebenfalls dort auf dem Parkplatz ab. - Er verliert den Gewahrsam am PKW in dem Augenblick, als der Dieb D das Fahrzeug aufbricht und wegfährt.

Bsp.: Auf einem Parkplatz steht ein PKW ohne Nummernschilder, ohne Motorhaube und ohne Türen. Hier wird man nicht mehr vom Gewahrsam des ursprünglichen Fahrzeughalters sprechen können.

Der Gewahrsam ist dem **Besitz des BGB** zwar **ähnlich,** aber nicht mit diesem identisch. So begründet der fiktive Erbenbesitz keinen Gewahrsam i.S.d. § 242. Eigentum und Gewahrsam müssen nicht zusammenfallen. Unerheblich ist, ob der Gewahrsam in **rechtlich zulässiger oder rechtswidriger** Weise erlangt worden ist.

Bsp.: *Auch der Dieb erlangt Gewahrsam an den von ihm gestohlenen Sachen, kann also auch wieder bestohlen werden.*

Subjektiv setzt Gewahrsam neben der objektiven Einwirkungsmöglichkeit immer auch den **Beherrschungswillen** voraus, ein genereller Gewahrsamswille ist ausreichend.

Bsp.: *Der Dieb D vergräbt die Beute aus einer Tat im Garten des Nachbarn N. - Dieser erlangt trotz objektiver Einwirkungsmöglichkeit keinen Gewahrsam, da er von der Beute nichts weiß, ihm also der Beherrschungswille fehlt.*

Dieser Wille ist tatsächlicher und nicht rechtsgeschäftlicher Natur. Er entfällt nicht schon bei Schlaf, Krankheit oder Bewusstlosigkeit, da auch ein latenter Wille ausreicht.

Allerdings dürfte Gewahrsam an solchen Gegenständen zu verneinen sein, die zwar mit Kenntnis, aber gegen den Willen des Berechtigten in die Gewahrsamssphäre verbracht worden sind.

Bsp.: *Der böse Nachbar X wirft seinen Müll in den Garten des N.*

Bruch des fremden Gewahrsams

Der Täter muss den fremden Gewahrsam brechen, d.h. gegen oder jedenfalls ohne Willen des Gewahrsamsinhabers aufheben.

Gewahrsamsbruch ist die Aufhebung des Gewahrsams gegen oder zumindest ohne den Willen des Berechtigten.

Diese beiden Bestandteile (Gewahrsam berechen und neuen begründen) können in einem Geschehen zusammenfallen, sich aber auch in zeitlich unterschiedlichen Phasen abspielen. Wichtig ist bei der Trennung in verschiedene Phasen, dass jeweils gegen den Willen des bisherigen Gewahrsamsinhabers gehandelt wird.

Eine Aufhebung des Gewahrsams liegt vor, wenn der tatsächlichen Einwirkung des bisherigen Gewahrsamsinhabers nach der Einwirkung des Täters wesentliche tatsächliche Hindernisse entgegenstehen. Dagegen reicht die bloße Lockerung des Gewahrsams für den vollendeten Diebstahl nicht aus.

Bsp.: *Der K ist Kunde im Supermarkt und versteckt eine kleine Tüte neben einem großen Beutel im Einkaufswagen, damit die Kassiererin diese Tüte an der Kasse nicht sehen kann. - Bei K liegt lediglich eine Gewahrsamslockerung vor, da sich der Gegenstand noch im generellen Gewahrsamsbereich des Supermarktes befindet und im Einkaufswagen jederzeit noch eine Durchsicht erfolgen kann. Hier kommt allenfalls versuchter Diebstahl in Betracht.*

Weiteres Bsp.: *F versteckt eine Flasche Nagellack in ihrer Handtasche. - Diesmal befindet sich der Gegenstand in einem Bereich, der eindeutig der F zugeordnet wird und in den von Dritten nicht mehr ohne weiteres eingegriffen werden kann („Tabuzone"). Hier liegt bereits ein vollendeter Gewahrsamsbruch vor (vgl. BGHSt 26, 24, BGH NJW 1981, 997).*

Der Bruch des Gewahrsams setzt begrifflich den entgegenstehenden Willen des Berechtigten voraus. Durch ein **Einverständnis des Gewahrsamsinhabers** wird daher der Diebstahl schon tatbestandlich ausgeschlossen. Auch wenn dabei der Gewahrsamsinhaber einem Irrtum unterliegt, ist dies für das Einverständnis unerheblich.

Bsp.: *A will seinen Wagen verkaufen. Der Kaufinteressent K will alleine eine Probefahrt durchführen und fährt mit dem Wagen davon. - Die Bereitstellung des PKW zur Probefahrt ist nicht nur eine Gewahrsamslockerung, da A, der nicht mitfährt, keinerlei Einwirkungsmöglichkeiten mehr hat. Dies geschah aber nicht gegen den Willen des A, sondern mit dessen Einverständnis. Dass der A irrtümlich davon ausging, K werde den Wagen zurückbringen, beseitigt sein Einverständnis nicht. In Betracht kommt in diesem Fall ein Betrug.*

Bsp.: *Vor dem Ladengeschäft des L liegen auf einem Tisch Sonderangebotswaren, die die Kunden aussuchen und im Laden bezahlen sollen. Der Kunde K nimmt einen Gegenstand und trägt ihn deutlich sichtbar zur Kasse. Der Dieb D nimmt ebenfalls einen Gegenstand und schleicht sich davon.*

Der K hat nach der sozialen Anschauung noch keinen Gewahrsam erlangt, da er deutlich macht, den bestehenden Gewahrsam des Ladeninhabers zu respektieren. Dagegen zeigt der D durch sein Verhalten, dass er die Sachherrschaft des L gerade nicht achten will.

Besondere Schwierigkeiten entstehen beim sog. **Automatendiebstahl**.

Wird aus einem Automaten mit Hilfe von Werkzeug die Ware "entnommen", liegt offensichtlich ein Gewahrsamsbruch vor. Problematisch sind aber die Fälle, in denen der Automat "überlistet" wird.

Bsp.: *Der A spielt mit präparierten Münzen an einem Geldspielautomaten und bewirkt so, dass der Automat ihm den Hauptgewinn in Form von 20 echten 2 €-Stücken ausgibt. - A hat bewirkt, dass der Gewahrsam an den 20 echten Münzen auf ihm übergegangen ist.*

Fraglich ist hier, ob dies durch Bruch des Gewahrsams, also gegen den Willen des Gewahrsamsinhabers erfolgte, denn der Automat hat die Münzen quasi "freiwillig" an den A herausgegeben. Im Normalfall einer ordnungsgemäßen Bedienung des Gerätes ist der Aufsteller damit einverstanden, dass die Gewinnmünzen an den Gewinner übergeben werden. Ein solches generelles Einverständnis zum Gewahrsamswechsel fehlt aber, wenn das Verhalten des Täters in wesentlichen Punkten nicht mit der Situation übereinstimmt, auf welche das Einverständnis gerichtet und beschränkt ist. Ein Einverständnis in den Gewahrsamswechsel liegt also nur dann vor, wenn der Benutzer des Automaten sich ordnungsgemäß verhält (vgl. Mitsch, Jus 1998, 307, 310 m.w.N., OLG Düsseldorf NJW 2000, 158). Mangels Einverständnis liegt hier also ein Gewahrsamsbruch vor.

Bsp.: *Der D hat einen Geldschein mit einem Klebestreifen so präpariert, dass er ihn immer wieder aus dem Geldwechselautomaten hervorziehen kann, nachdem er die Lichtschranke passiert hat. Der Automat wirft so mehrfach Wechselgeld aus.*

Auch in diesem Beispiel wird der Wechselvorgang nicht durch die ordnungsgemäße Betätigung des Automaten ausgelöst. Der Wille des Automatenaufstellers, nur bei ordnungsgemäßer Betätigung Wechselgeld auszuzahlen, hat sich auch in der technischen Konstruktion des Gerätes niedergeschlagen, da der Auszahlvorgang erst ausgelöst wird, wenn der Schein vollständig an der Lichtschranke vorbeigelaufen ist. Dabei hat sich in diesem Ablauf naturgemäß auch der Wille des Aufstellers niedergeschlagen, dass der Schein endgültig in das Gerät gelangt sein muss und keine Verbindung mehr zwischen Schein und wechselnder Person vorhanden ist, die ein Zurückziehen des Geldscheins ermöglicht. Ein Gewahrsamsbruch liegt folglich vor.

Bei der sog. **Diebesfalle** ist der Gewahrsamsinhaber mit dem Verlust des eigenen Gewahrsams einverstanden. Folge: hier liegt dann lediglich versuchter Diebstahl vor. Vgl. OLG Celle, JR 1987, 253, OLG Köln NJW 1961, 2360, OLG Düsseldorf NJW 1988, 83).

Bsp.: Der Ladeninhaber L vermutet einen Dieb unter seiner Belegschaft, der regelmäßig Geld aus der Kasse nimmt. Er legt daher besonders präparierte Geldscheine in die Kasse, um den Dieb zu überführen. - Hier will der L gerade, dass der Dieb die Geldscheine in seinen Gewahrsam bringt, um ihn zu überführen. L ist also mit dem Gewahrsamsverlust einverstanden, ein Gewahrsamsbruch und damit Diebstahl entfällt.

Die bloße Beobachtung und Duldung des Gewahrsamsbruches durch den Berechtigten beinhaltet aber noch kein Einverständnis.

Bsp.: Der V steckt im Kaufhaus heimlich eine CD in seine Tasche. Dabei wird er vom Kaufhausdetektiv D beobachtet, der ihm folgt, um ihn im Treppenhaus ohne großes Aufsehen zu stellen. Er verliert aber den V aus den Augen, der entkommen kann. - Trotz der Beobachtung durch den D hat der V hier den Diebstahl bereits beim Einstecken der CD in seine Tasche vollendet.

Diebstahl setzt keine heimliche Begehung voraus. Für die Frage des Gewahrsamsbruchs ist es also unerheblich, ob der Täter beobachtet wird. Die Tatsache, dass nicht eingegriffen und der Gewahrsamsbruch verhindert wird, stellt eine bloße Duldung der Wegnahme dar, beinhaltet aber kein tatbestandsausschließendes Einverständnis.

> **Erfolgt eine Zueignung ohne Gewahrsamsbruch, ist Unterschlagung gegeben!**

Besonderheiten beim Mitgewahrsam

Gewahrsamsinhaber kann nicht nur ein Einzelner sein, sondern es kann auch Mitgewahrsam mehrerer Personen bestehen, die **miteinander die tatsächliche Sachherrschaft ausüben.** Kommt der Täter **nicht** aus diesem Personenkreis, ist die Frage des Mitgewahrsams für die Wegnahme irrelevant und muss daher nicht erörtert werden.

Bsp.: A und B sind Fernfahrer. Auf ihrem LKW befinden sich zahlreiche Kisten, von denen der X eine entwendet. - In diesem Fall ist es unerheblich, ob A und B Mitgewahrsam haben; allein entscheidend ist, dass der Täter X nicht aus dem Kreise der möglichen Mitgewahrsamsinhaber kommt und daher jedenfalls X keinen Gewahrsam hat. Einer Feststellung, wessen Gewahrsam hier gebrochen wird, bedarf es daher nicht.

Besonderheiten sind aber zu beachten, wenn der **Täter Mitgewahrsam** hat. Zu unterscheiden ist zwischen gleichgeordnetem, über- und untergeordnetem Mitgewahrsam.

9

Bei gleichgeordnetem Mitgewahrsam stehen alle Gewahrsamsinhaber auf der gleichen Rangstufe; hier kann jeder den Gewahrsam des anderen brechen.

Bsp.: Eheleute haben gleichrangigen Mitgewahrsam am Hausrat. Entwendet ein Ehegatte einen Gegenstand, dann liegt Diebstahl vor.

Dagegen ist der **Inhaber des untergeordneten Mitgewahrsams** vom Willen des übergeordneten Mitgewahrsamsinhabers abhängig. Es besteht hier regelmäßig ein Weisungsverhältnis des übergeordneten Gewahrsamsinhabers gegenüber dem untergeordneten Gewahrsamsinhaber. Den Gewahrsam brechen kann daher nur der untergeordnete Mitgewahrsamsinhaber.

Bsp.: Der B ist Betriebsleiter einer Firma, in der N als Arbeitnehmer tätig ist. Der N nimmt ein Werkzeug mit nach Hause, um es zu behalten. - Der Betriebsleiter B hat übergeordneten Mitgewahrsam, während der in der Abteilung tätige Arbeitnehmer N lediglich untergeordneten Gewahrsam hat. Der N kann als lediglich untergeordneter Gewahrsamsinhaber diesen übergeordneten Gewahrsam brechen und damit einen Diebstahl begehen.

Dagegen ist kein Gewahrsamsbruch durch den übergeordneten Gewahrsamsinhaber möglich.

Bsp.: Der B ist Betriebsleiter einer Firma, in der N als Arbeitnehmer tätig ist. Der Betriebsleiter B nimmt ein Werkzeug aus der Abteilung des N mit nach Hause, um es zu behalten. - Der Betriebsleiter B kann als übergeordneter Gewahrsamsinhaber den untergeordneten Gewahrsam des N nicht brechen; Diebstahl ist hier nicht möglich.

Nicht einmal untergeordneten Mitgewahrsam haben die **Gewahrsamsgehilfen** (auch Gewahrsamshüter genannt), die für die Sachherrschaft eines anderen lediglich unterstützend tätig sind.

Bsp.: Der Gehilfe in einem kleinen Laden, der unter der ständigen Aufsicht des Ladeninhabers tätig ist, hat keinen Gewahrsam.

Keinen untergeordneten Gewahrsam, sondern **Alleingewahrsam** hat derjenige, der die **alleinige Zugriffsmöglichkeit** auf bestimmte Gegenstände hat.

Bsp.: Der Verkaufsfahrer V fährt für seinen Chef Waren zu Kunden. Er kann die Fahrtroute selbst bestimmen und muss diese nicht vorher beim Chef anmelden. V nimmt eine Kiste aus dem Wagen, um sie für sich zu behalten. - Hier hat der Verkaufsfahrer V während der Fahrt Alleingewahrsam an den Waren, da der Chef keine tatsächliche Einwirkungsmöglichkeit hat, denn der V kann die Fahrtroute selbst bestimmen und ist daher für den Chef nicht erreichbar. Es liegt eine Unterschlagung vor.

Gegenbsp.: Der Verkaufsfahrer V fährt für seinen Chef Waren in einem Auslieferungsbezirk von mehreren Stadtteilen zu Kunden. Die Fahrtroute legt der Chef fest; der V muss sich von den Kunden aus regelmäßig melden, um seinen Standort mitzuteilen. V nimmt eine Kiste aus dem Wagen, um sie für sich zu behalten. - In diesem Fall liegt die tatsächliche Sachherrschaft noch beim Chef, der aufgrund des überschaubaren Auslieferungsbezirkes, der festgelegten Fahrtroute und der regelmäßigen Kontrollanrufe ständig den Aufenthaltsort des Fahrzeugs feststellen kann. V begeht hier einen Gewahrsamsbruch. Denn er selber hat nur untergeordneten Mitgewahrsam, da die Fahrtroute kurz und festgelegt und somit kontrollierbar ist.

Das gleiche gilt bei einer Fernfahrt, denn auch hier scheitert eine tatsächliche Einwirkungsmöglichkeit des Chefs an der Unbestimmtheit des Aufenthaltsortes des V.

Alleingewahrsam hat derjenige, der die **alleinige Verantwortung** trägt.

Bsp.: Der Kassierer K ist bis zum Kassenabschluss für den Bestand der Kasse allein verantwortlich und hat daher Alleingewahrsam an den darin befindlichen Geldscheinen.

Bei verschlossenen Behältnissen ist derjenige Gewahrsamsinhaber am Inhalt, der die tatsächliche **Sachherrschaft am Behältnis** hat. Die tatsächliche Zugriffsmöglichkeit setzt aber hier die Sachherrschaft über das **Behältnis und den entsprechenden Schlüssel** voraus.

Bsp.: Der A hat seinen PKW auf einem Parkplatz am Straßenrand abgestellt. In dem Fahrzeug liegt eine wertvolle Kamera. Er behält Alleingewahrsam am PKW und der darin liegenden Kamera sowie aller Sachen, die sich verschlossenen Kofferraum befinden.

Weiteres Bsp.: Der Mieter M hat Alleingewahrsam an der Post in seinem verschlossenen Briefkasten, der im Treppenhaus hängt.

Sind Verwahrer des Behältnisses und Inhaber des Schlüssels verschiedene Personen, so muss bezüglich der Frage nach dem Gewahrsam abgestellt werden auf die **Möglichkeiten des Zugangs** und der **Beweglichkeit des Behältnisses.**

Alleingewahrsam des Verwahrers wird bejaht, wenn dieser das **Behältnis leicht bewegen** kann und der Schlüsselinhaber ohne seine Zustimmung nicht auf das Behältnis zugreifen kann.

Bsp.: Der Urlauber U gibt seinem Freund F eine verschlossene Kassette mit seinen Wertgegenständen in Verwahrung und behält den Schlüssel. - Hier erlangt F Alleingewahrsam, da er unabhängig von U auf die Kassette - und damit auch auf den Inhalt - einwirken kann.

Ist das **Behältnis** nur sehr **schwer beweglich**, dann sichert der Schlüssel den Inhalt ausreichend, so dass der **Schlüsselinhaber – auch trotz persönlicher Abwesenheit - Alleingewahrsam** behält.

Bsp.: Z hat in der Gaststätte des G einen Geldspielautomaten aufgestellt, der fest in der Wand verschraubt und darüber hinaus mit einem Schloss abgesichert ist. - Hier behält Z Alleingewahrsam, obwohl er ohne Mitwirkung des G nicht zu seinem Automaten gelangen kann.

Diebstahl ist nur ausgeschlossen, wenn der Täter Alleingewahrsam oder übergeordneten Mitgewahrsam hat.

In allen anderen Fällen ist Gewahrsamsbruch möglich. Daher ist die konkrete Abgrenzung, ob der Täter gleichrangigen oder untergeordneten Mitgewahrsam hat oder gar nur Gewahrsamsgehilfe ist, für § 242 StGB irrelevant.

---

1. In welcher Vorschrift findet sich die Definition der Sache und wie lautet sie?

Sachen sind körperliche Gegenstände; diese Definition steht in § 90 BGB.

2. Können Dampf und Gas gestohlen werden?

Ja, ie sind als körperliche Gegenstände taugliche Objekte des Diebstahls.

3. Ist Energie taugliches Diebstahlsobjekt? Begründung?

Nein, da Energie nicht körperlich ist. Hierfür gibt es eine Spezialvorschrift in § 248 c StGB.

4. Kann ein Herzschrittmacher oder ein Goldzahn gestohlen werden?

Ja, wenn sie sich außerhalb des menschlichen Körpers befinden.

5. Muss die Sache schon vor der Tat beweglich sein?

Nein, sie kann auch erst durch den Diebstahl beweglich gemacht werden.

6. Wann ist eine Sache „fremd"?

Wenn die Sache nicht im Alleineigentum des Täters steht und auch nicht herrenlos ist.

7. Wann ist die Fremdheit der Sache in der Klausur nur zu problematisieren?

Eine genaue Erörterung der Fremdheit der Sache ist nur dann erforderlich, wenn möglicherweise der Täter Eigentümer der Sache geworden ist oder die Sache herrenlos ist. Steht dagegen fest, dass dies nicht der Fall ist, ist für die „fremde Sache" unerheblich, wer der tatsächliche Eigentümer ist.

8. An welche zivilrechtlichen Vorschriften ist zu denken, wenn ein Eigentumserwerb des Täters in Betracht kommt?

Die des rechtsgeschäftlichen und des gesetzlichen Eigentumserwerbs nach §§ 929 ff. bzw. §§ 946ff BGB.

9. Wann ist das am Straßenrand abgestellte Sammelgut eine fremde Sache?

Wenn das Sammelgut einem bestimmten Empfänger zukommen soll - wie z.B. bei einer Altkleidersammlung.

10. Wie ist das zu begründen?

Es liegt keine Eigentumsaufgabe vor, sondern das konkludente Angebot an die Sammelorganisation auf Übereignung, das diese durch das Einsammeln konkludent annimmt.

11. Wann scheidet in diesem Fall Diebstahl aus?

Ist dem Eigentümer gleichgültig, was mit den abgestellten Sachen geschieht (z.B. beim Sperrmüll), so liegt eine Eigentumsaufgabe vor; die Gegenstände sind herrenlos und damit nicht mehr taugliches Objekt eines Diebstahls.

12. Aus welchen Elementen setzt sich die Wegnahme zusammen?

Aus dem Bruch fremden Gewahrsams und der Begründung neuen, nicht notwendig tätereigenen Gewahrsams.

13. Was ist der Gewahrsam?

Ein tatsächliches, von einem Herrschaftswillen getragenes Herrschaftsverhältnis.

14. Sind Besitz und Gewahrsam identisch?

Nein, der strafrechtliche Gewahrsam entspricht nicht dem Besitz iSd BGB.

15. Hat der Wohnungsinhaber während seines Urlaubes Gewahrsam an den Gegenständen in seiner Wohnung? Begründung?

Ja, denn während seiner vorübergehenden Abwesenheit bleibt sein genereller Herrschaftswille ebenso bestehen wie die tatsächliche Herrschaft, da er andere Personen vom Zugriff auf die Wohnung ausschließen kann.

16. In wessen Gewahrsam stehen frei herumlaufende Haustiere?

Solange sie die Gewohnheit haben, zu ihrem „Herrchen" zurückzukehren, bleiben auch frei herumlaufende Haustiere im Gewahrsam ihres Herrn.

17. Ist Diebstahl zu Lasten eines Diebes möglich?

Der Dieb erlangt mit der Tat Gewahrsam, der wiederum auch durch einen anderen Dieb gebrochen werden kann.

18. Erlangt der Erbe mit dem Tod des Gewahrsamsinhabers automatisch Gewahrsam an den Gegenständen der Erbmasse?

Nein. Der Erbenbesitz des § 857 BGB ist nicht identisch mit dem Gewahrsam des § 242 StGB. Der Erbe wird also nicht automatisch Gewahrsamsinhaber.

19. Definition des Gewahrsamsbruchs?

Gewahrsamswechsel gegen oder jedenfalls ohne den Willen des Berechtigten.

20. Welche Auswirkung hat das Einverständnis des Gewahrsamsinhabers?

Es wirkt tatbestandsausschließend und beseitigt das Merkmal „Wegnahme". Der vollendete Diebstahl scheidet damit aus.

21. Muss der Täter das Einverständnis kennen?

Ja.

22. Folge, wenn Täter Einverständnis nicht kennt?

Hat der Täter vom Einverständnis keine Kenntnis, bleibt er zumindest wegen versuchten Diebstahls strafbar!

23. Kann ein wirksames Einverständnis auch erlangt werden, indem der Täter das Opfer über die Voraussetzungen täuscht?

Ja, auch das durch eine Täuschung erzielte, irrtumsbedingte Einverständnis beseitigt das Tatbestandsmerkmal der Wegnahme.

24. Auswirkungen des Einverständnisses des Eigentümers einer möbliert vermieteten Wohnung, dort Gegenstände des Mieters zu entfernen?

Wirksam ist nur das Einverständnis des Gewahrsamsinhabers, also des Mieters! Das Tatbestandsmerkmal der Wegnahme wird hier also nicht ausgeschlossen.

25. Hat es Einfluss auf das Tatbestandsmerkmal der Wegnahme, wenn der Täter beobachtet wird? Begründung?

Es hat keinen Einfluss, denn die bloße Beobachtung beinhaltet kein Einverständnis mit der Wegnahme und steht damit der Annahme eines Diebstahls nicht entgegen.

26. Was ist Mitgewahrsam?

Mehrere Personen üben die Sachherrschaft gemeinschaftlich aus.

27. Wie unterscheidet sich gleichrangiger von untergeordnetem Mitgewahrsam?

Beim gleichrangigen Mitgewahrsam besteht kein Weisungsverhältnis.

28. Was ist ein Gewahrsamsgehilfe bzw. Gewahrsamshüter?

Der Gewahrsamshüter hat keinen eigenen Gewahrsam, sondern wird für die Sachherrschaft eines anderen lediglich unterstützend tätig.

29. Wann sind die Fragen des Mitgewahrsams zu prüfen?

Lediglich dann, wenn der Täter aus dem Kreis der möglichen Mitgewahrsamsinhaber kommt, stellt sich diese Frage. Kommt der Täter nicht aus diesem Personenkreis, ist die Frage des Mitgewahrsams für die Wegnahme irrelevant und darf nicht erörtert werden.

30. Unter welchen Umständen hat ein Kassierer Alleingewahrsam am Kassenbestand?

Der Kassierer hat Alleingewahrsam, wenn er die Verantwortung für den Kassenbestand hat.

31. Unter welchen Umständen behält der Schlüsselinhaber Alleingewahrsam an dem Inhalt eines verschlossenen Behältnisses, das im Machtbereich eines Dritten abgestellt wird?

Der Schlüsselinhaber behält Alleingewahrsam, wenn das gesicherte Behältnis fest montiert oder nur sehr schwer zu bewegen ist.

32. Erfüllt die Gewahrsamslockerung den Tatbestand?

Nein, die bloße Gewahrsamslockerung stellt zwar die bisherige Herrschaft in Frage, hebt sie aber noch nicht auf.

33. Nennen Sie ein Beispiel!

Typische Beispiele sind die im Einkaufswagen des Supermarktes versteckte Ware oder die auf dem gesicherten Grundstück des Opfers versteckte Diebesbeute.

Begründung neuen Gewahrsams

Begründung neuen Gewahrsams liegt vor, wenn der Täter oder ein Dritter die Herrschaft über die Sache derart erlangt hat, dass er sie ungehindert durch den alten Gewahrsamsinhaber ausüben kann

Erforderlich ist also grundsätzlich ein Ergreifen der Sache. Bei unauffälligen Gegenständen wie z.B. Geldscheinen, Schmuckstücken genügt idR. schon ein Ergreifen und Festhalten. Bei größeren Gegenständen kommt es auf die soziale Anschauung an, also darauf, ob nach der Verkehrsanschauung im jeweiligen Verhalten schon eine weitgehend ungehinderte Sachherrschaft begründet wurde.

Bsp.: Der L steckt im Supermarkt eine Flasche Schnaps in die Tasche seines Mantels. - Hier befindet sich die Beute bereits in der Kleidung des Täters und damit in seinem persönlichen Bereich, auf den das Personal des Supermarktes nicht mehr ungehindert zugreifen kann. Der Täter begründet eine „Gewahrsamsenklave", da er die Sache seiner eigenen Körpersphäre zuführt, die einem Tabu unterliegt. Eine Gewahrsamsbegründung ist somit zu bejahen (vgl. BGHSt 41, 198, 205; LG Gera NJW 2000, 159,160).

Weiteres Bsp.: A will im Kaufhaus eine Jacke stehlen. Er nimmt sie vom Ständer, klappt das Preisschild nach innen und legt sie so über den Arm, als sei es seine eigene und bewegt sich unauffällig zum Ausgang. - Auch hier liegt bereits eine Gewahrsamsbegründung durch A und damit ein vollendeter Diebstahl vor, denn ein objektiver Beobachter würde die Jacke nach dem Gesamteindruck nicht dem Kaufhaus, sondern dem A zuordnen. Denn ein kaufwilliger Kunde würde sich anders verhalten, nämlich die Jacke zur Kasse tragen und dabei insbesondere nicht das Preisschild verstecken.

Die Wegnahme ist auch dann bereits vollendet, wenn der Täter einen Gegenstand unter seine Kleidung versteckt, obwohl dieses mit einem elektronischen Sicherungsetikett versehen ist, das beim Verlassen der Räume ein Alarmsignal auslöst.

Bsp.: Der X steckt im Elektro-Supermarkt einen Fotoapparat unter seinen Pullover. Als er den Laden verlassen will, schlägt das an der Kamera befestigte Sicherungsetikett Alarm und er wird gestellt (BayObLG NJW 1995, 3000).

Bei sperrigen und großen Gegenständen ist neuer Gewahrsam erst begründet, wenn die Herrschaftssphäre des bisherigen Gewahrsamsinhabers verlassen worden ist.

Bsp.: Der D will im Selbstbedienungskaufhaus eine Waschmaschine stehlen. Er lädt sie auf einen Rollwagen und verlässt das Kaufhaus durch einen Notausgang. - Hier ist neuer Gewahrsam nicht schon im Kaufhaus begründet, sondern erst in dem Moment, in dem D das Kaufhaus mit der Maschine verlässt.

Gewahrsamsbegründung und damit Diebstahl liegt auch dann vor, wenn der Täter die Sache innerhalb einer fremden Gewahrsamssphäre versteckt, um sie später abzuholen, und er zu diesem Bereich freien und ungehinderten Zugang hat. Hierdurch verdrängt er den bisherigen Gewahrsamsinhaber aus seiner Position und schafft einen mit einer Gewahrsamsenklave vergleichbaren Zustand.

Bsp.: *Die A arbeitet als Reinigungskraft in einem Kaufhaus. Während ihres Arbeitseinsatzes nimmt sie heimlich einen Pullover aus dem Regal und versteckt ihn in ihrem Putzmittelraum. Nachts geht sie dann mit ihrem Schlüssel ins Kaufhaus und holt den Pullover ab. - Da A jederzeit mittels ihres Schlüssels Zutritt zum Kaufhaus und damit zur Beute hat, liegt bereits in dem „Beiseitelegen" in dem Putzmittelraum die Begründung neuen Gewahrsams vor.*

Gegenbeispiel: *Die A arbeitet als Reinigungskraft in einem Kaufhaus. Sie nimmt heimlich einen Pullover aus dem Regal und versteckt ihn in einem Abfalleimer. Die Abfalleimer werden abends regelmäßig von der Kollegin X, die von der Sache nichts weiß, in den offenen Hof getragen und bleiben dort stehen, bis am nächsten Morgen die Müllabfuhr kommt. Nachdem die X ihre Arbeit ordnungsgemäß erledigt hat und die Mülleimer draußen stehen, holt die A den versteckten Pullover in der Nacht dort ab. - Hier würde eine Gewahrsamsbegründung und damit die Vollendung des Diebstahls nur dann mit dem Verstecken im Abfalleimer eintreten, wenn A ungehindert und jederzeit zu diesem Versteck Zugang hat. Da davon nicht auszugehen ist, erfolgt die Gewahrsamsbegründung erst, als der Pullover auf dem frei zugänglichen Hof eintrifft. Dass hier die gutgläubige X den Abfalleimer in den Hof bringt, ist unschädlich, denn auf die Mittel, mit denen der Gewahrsamswechsel herbeigeführt wird, kommt es nicht an. Auch müssen Gewahrsamsbruch und Gewahrsamsbegründung nicht zwingend zeitlich zusammenfallen.*

Gegenbeispiel: *Es liegt kein Gewahrsamsbruch vor, wenn der Täter in einem Selbstbedienungsbaumarkt Gegenstände über den Zaun wirft und vom Hausdetektiv, der ihn dabei beobachtet, an der Kasse gestellt wird (LG Zwickau NJW 2006, 166).*

Vollendung und Beendigung beim Diebstahl

Die **Vollendung** des Diebstahls tritt mit der Vollendung der Wegnahme ein. Dies wiederum erfordert zum einen den Bruch fremden und zum anderen die Begründung neuen Gewahrsams.

Vollendung des Diebstahls liegt mit Begründung neuen Gewahrsams vor

Die **Beendigung** des Diebstahls liegt vor, wenn der vom Täter begründete neue Gewahrsam eine gewisse Festigung und Sicherheit erreicht hat.

Beendigung liegt mit Festigung und Sicherung der Beute vor.

Wichtig ist diese Unterscheidung für eventuelle Tatbeteiligte, für die sukzessive Mittäterschaft, sukzessive Beihilfe oder Begünstigung (§ 257 StGB) und Strafvereitelung (§ 258 StGB) in Betracht kommen. Für den Täter selbst wird diese Unterscheidung nur relevant, wenn Gewalt eingesetzt wird und dann abzugrenzen ist, ob entweder Raub (§ 249 StGB) oder räuberischer Diebstahl (§ 252 StGB) zur Anwendung kommt.

Der Diebstahl ist **beendet**, wenn der Dieb den Gewahrsam an den entwendeten Gegenständen gefestigt und gesichert hat. Dies ist jedenfalls dann der Fall, wenn sich das Diebesgut nicht mehr im unmittelbaren Herrschaftsbereich des Berechtigten befindet, direkte Eingriffsmöglichkeiten eines berechtigten Eigentümers also nicht mehr bestehen und damit die neue Sachherrschaft des Täters gefestigt ist.

Die Rechtsprechung (vgl. BGHSt 41, 198, 205) lässt bei kleinen, unauffälligen, leicht wegzuschaffenden Gegenständen, wie Geldscheinen, Münzen, Schmuck, abgepackten Lebens- und Genussmitteln (Zigaretten, Kaugummi, Süßigkeiten, kleine Spirituosenflaschen etc.) für den Gewahrsamswechsel und die Vollendung der Wegnahme schon das Ergreifen und Festhalten sowie das Einstecken in die eigene Kleidung, eine Hand- oder Aktentasche, einen Beutel oder ein anderes leicht zu transportierendes Behältnis ausreichen. Dies ist der typische Fall der sog. *„Gewahrsamsenklave"*. Bei schwer zu transportierenden und fortzuschaffenden Gegenständen reicht das Ergreifen und Verstecken im fremden Herrschaftsbereich nicht aus. Zur Vollendung der Wegnahme bedarf es hier des Herausschaffens des Gegenstandes aus dem Herrschaftsbereich.

Bsp.: *Tresor, Herausfahren eines großen Fahrzeugs vom Firmengelände; Werfen von Teppichen über den Zaun oder Mauer des Betriebsgeländes.*

Wiederholungsfragen zum 1. Kapitel, 2. Teil

1. Wie definiert man die Gewahrsamsbegründung?

Begründung neuen Gewahrsams liegt vor, wenn der Täter oder ein Dritter die Herrschaft über die Sache derart erlangt hat, dass er sie ungehindert durch den alten Gewahrsamsinhaber ausüben kann.

2. Müssen Gewahrsamsbruch und Gewahrsamsbegründung zeitlich zusammenfallen?

Nein. Zwar fallen Gewahrsamsbruch und Gewahrsamsbegründung in aller Regel zeitlich zusammen, es ist aber nicht zwingend erforderlich.

3. Nennen Sie ein Beispiel für einen solchen Sonderfall!

Wenn z.B. der Täter Gegenstände aus einem fahrenden Zug wirft, so wird in diesem Zeitpunkt Gewahrsam gebrochen. Neuer Gewahrsam wird aber erst begründet, wenn der Täter die Gegenstände am Bahndamm einsammelt. Bis zu diesem Zeitpunkt liegt nur Versuch des § 242 vor.

4. Muss der neue Gewahrsam durch den Täter des Diebstahls begründet werden?

Nein, es muss lediglich neuer Gewahrsam begründet werden, der aber nicht notwendig tätereigen ist.

5. Was ist der Unterschied zwischen der Vollendung und der Beendigung des Diebstahls?

Der Diebstahl ist mit der Vollendung der Wegnahme vollendet und beendet, wenn der Täter die Beute gesichert hat.

6. Wofür ist dieser Unterschied von Bedeutung?

Für die Täterschaft des § 242 StGB ist dies ohne Belang. Nur wenn der Täter zusätzlich Gewalt einsetzt, ist von dieser Unterscheidung abhängig, ob Raub oder räuberischer Diebstahl anzuwenden ist. Für den Beteiligten hängt von dieser Unterscheidung ab, ob sukzessive Mittäterschaft, sukzessive Beihilfe oder Begünstigung (§ 257 StGB) und Strafvereitelung (§ 258 StGB) in Betracht kommen.

Fall 1 (Der Baum in Nachbars Garten)

Der E ist Eigentümer zweier nebeneinander stehender Häuser mit Garten, von denen er eines selbst bewohnt und das andere an den M vermietet hat. Beide Häuser grenzen an das Grundstück des X. An der Grundstücksgrenze steht im Garten von E und M jeweils ein großer Baum. X hat mit E und M mehrfach darüber gesprochen, ob er die Bäume fällen darf. M war einverstanden, E strickt dagegen. Als M und E im Urlaub sind, fällt der X die Bäume, trägt das Holz in seinen Garten, und zersägt es. Aus dem Baum des E fertigt er Schnitzereien, das Holz des Baums des M eignet sich nicht dazu und wandert in den Kamin. Strafbarkeit des X aus § 242?

Lösungsvorschlag:

I . Tathandlungen bzgl. des Baumes im Garten des E

X könnte sich gem. § 242 StGB strafbar gemacht haben, als er den Baum auf dem Grundstück des E fällte und zu Schnitzereien verarbeitete.

Der Baum müsste eine für X fremde, bewegliche Sache gewesen sein. Der Baum ist eine unbewegliche Sache, das zersägte Holz, das X in seinen Garten trägt, ist hingegen beweglich. Fraglich ist jedoch, ob das zersägte Holz für X auch fremd war. In seiner Funktion als Grundstückseigentümer war E trotz seiner persönlichen Abwesenheit Eigentümer des Baumes und somit auch der einzelnen Holzteile des Baumes. Es könnte jedoch ein gesetzlicher Eigentumserwerb durch X gemäß § 950 BGB eingetreten sein. X hat aus dem Holz Schnitzereien angefertigt, die in ihrem Wert den des reinen Holzes übersteigen dürften. Somit hat X durch die Verarbeitung des Holzes Eigentum erlangt.

Für den Tatbestand des Diebstahls kommt es allerdings darauf an, dass die Sache zum Zeitpunkt der Wegnahme für den X fremd war. Zu prüfen ist nunmehr, ob und wann eine Wegnahme vorlag. Diese setzt den Bruch fremden und die Begründung neuen Gewahrsams voraus. E war laut Sachverhalt strikt gegen das Fällen der Bäume. Durch das Fällen der Bäume hat X somit den Gewahrsam des E gebrochen. Der Abtransport des Holzes auf sein eigenes Grundstück stellt die Begründung neuen Gewahrsams dar, so dass in diesem Zeitpunkt eine Wegnahme zu bejahen ist. Wie bereits oben festgestellt, erfolgte die Verarbeitung des Holzes erst nach dem Abtransport und somit nach Vollendung der Wegnahme. Zum Zeitpunkt der Wegnahme handelte es sich also um eine für X fremde Sache.

Da X auch vorsätzlich handelte und er beabsichtigte, sich das Holz rechtswidrig zuzueignen, sein Verhalten rechtswidrig war und er schließlich auch schuldhaft handelte, liegen die Voraussetzungen des § 242 StGB vor. X hat sich somit gem. § 242 StGB bzgl. des Baums aus dem Garten des E strafbar gemacht.

Die Sachbeschädigung gem. § 303 StGB durch Fällen des Baums tritt als mitbestrafte Vortat hinter § 242 StGB zurück.

II . Tathandlungen bzgl. des Baumes im Garten des M

X könnte sich gem. § 242 StGB strafbar gemacht haben, als er den Baum auf dem von M gemieteten Grundstück fällte und zu Kaminholz verarbeitete.

Bei dem Holz handelt es sich um eine fremde bewegliche Sache z.Zt. der Wegnahmehandlung, vgl. oben, I.

Fraglich ist jedoch in diesem Fall, ob eine Wegnahme zu bejahen ist. X müsste den Gewahrsam des M gebrochen haben. Laut Sachverhalt war der M mit dem Fällen des Baumes und lebensnah auch mit der Verwertung durch X einverstanden. Hierin liegt ein tatbestandsausschließendes Einverständnis. Damit fehlt es am Merkmal der Wegnahme, folglich ist der Tatbestand des Diebstahls nicht erfüllt. X hat sich also nicht gemäß § 242 StGB strafbar gemacht.

Es bleibt auch hier eine Sachbeschädigung gem. § 303 StGB durch Fällen des Baums. Da die Aktion gegen den Willen des Grundstückseigentümers E erfolgte, also keine Einwilligung vorlag, ist § 303 StGB erfüllt. Das Einverständnis des Gewahrsamsinhabers M ist hier irrelevant, da dieses nur die Wegnahme beseitigen kann, das Merkmal der Wegnahme aber nicht zum Tatbestand des § 303 StGB gehört.

Fall 2 (Das billige Benzin):

Der S fährt an der Selbstbedienungstankstelle des T vor, um besonders günstig zu tanken. Er füllt das Benzin in den Tank und fährt ohne zu bezahlen davon. Strafbarkeit des S aus § 242 StGB?

Lösungsvorschlag

S könnte sich gem. § 242 StGB strafbar gemacht haben.

Bei dem entwendeten Benzin handelt es sich um eine Flüssigkeit, also um einen körperlichen Gegenstand i.S.d. § 90 BGB und damit um eine bewegliche Sache.

Fraglich ist jedoch, ob diese für S fremd war. Das wäre der Fall, wenn das Benzin nicht im Alleineigentum des S gestanden hätte, als er fortfuhr. Ursprünglich stand das Benzin im Alleineigentum des T. Es könnte jedoch beim Einfüllen des Benzins eine Übereignung an S gem. § 929 BGB stattgefunden haben. Die dazu erforderliche Willenserklärung des T kann man konkludent mit dem Freischalten des Zapfschlauches als gegeben ansehen.

Z.T. wird vertreten, man müsse die Erklärung aber sachgerecht dahingehend auslegen, dass T zwar den Eigentumsübergang will, jedoch nur unter der Bedingung der ordnungsgemäßen Betätigung und Zahlung. Da dies im vorliegenden Fall nicht geschehen ist, läge danach keine wirksame Übereignung des Benzins von T an S vor. Demnach erlangte S kein Eigentum am Benzin, die Sache wäre nach wie vor fremd.

Andererseits wird auch ein gesetzlicher Eigentumsübergang durch die Vermischung des getankten Benzins mit dem noch im Tank befindlichen Treibstoff bejaht (§§ 948, 947 BGB). Alleineigentum des S am gesamten Benzin im Tank soll aber nur dann entstehen, wenn die im Tank bereits vor dem Tanken vorhandene Menge die Hauptsache darstellt (§ 947 II

BGB). Andernfalls entstünde Miteigentum, so dass noch immer eine fremde Sache (= Miteigentum des T) vorläge. Bei lebensnaher Auslegung erfolgt das Tanken üblicherweise erst, wenn der Tank zumindest nicht völlig unerheblich geleert ist. Daher kann man davon ausgehen, dass durch Vermischung kein Alleineigentum des S begründet wird. Damit läge auch nach diesem Ansatz eine für S fremde Sache z.Zt. des Fortfahrens vor. Einer Entscheidung zwischen den Ansichten bedarf es daher nicht, eine für S fremde Sache liegt vor.

Weiter müsste S das Benzin weggenommen haben. Wegnahme wird definiert als Bruch fremden Gewahrsams und Begründung neuen Gewahrsams.

Zunächst bestand Gewahrsam des T am Benzin. S müsste diesen fremden Gewahrsam gebrochen, d.h. gegen oder jedenfalls ohne Willen des Gewahrsamsinhabers aufgehoben haben. Daran fehlt es also, wenn der Gewahrsamswechsel nicht gegen den Willen des Berechtigten erfolgt. Da T bei dem automatisierten Ablauf die Sachherrschaft über das eingefüllte Benzin freiwillig aufgibt, liegt ein tatbestandsausschließendes Einverständnis vor.

Eine Strafbarkeit nach § 242 scheidet demnach mangels Wegnahme aus.

Zur Frage, ob in diesen Fällen eine Unterschlagung nach § 246 StGB vorliegt siehe unten im 3. Kapitel (Unterschlagung).

Fall 3 (Der Auspuff am Zaun):

L ist Lagerverwalter in einer Autofirma. Für seinen privaten PKW benötigt er einen neuen Auspuff. Er holt eine komplette Auspuffanlage aus dem Lager und versteckt sie in einigen Büschen im hinteren Bereich des mit einem hohen Zaun gesicherten Firmengeländes, um sie in der Nacht abzuholen. Dies beobachtet der Lehrling A, der dem L zuvorkommt und den Auspuff vom Firmengelände wegschafft. Strafbarkeit von L und A aus § 242?

Lösungsvorschlag

L könnte sich nach § 242 StGB strafbar gemacht haben, indem er den Auspuff entwendet und im Gebüsch versteckt.

Bei dem Auspuff handelt es sich um eine für L fremde bewegliche Sache. Weiter müsste L die Sache weggenommen, also fremden Gewahrsam gebrochen und neuen Gewahrsam begründet haben. Aufgrund seiner Funktion als Lagerverwalter hat L jedenfalls keinen Allein-, sondern allenfalls Mitgewahrsam an den Gegenständen des Lagers gehabt. Damit bestand zunächst fremder Gewahrsam an dem Auspuff.

Weiter müsste neuer Gewahrsam durch L begründet worden sein. Dies könnte bereits durch das Entwenden und Verstecken des Auspuffs gegeben sein. Angesichts der Größe des entwendeten Gegenstandes und der Tatsache, dass noch ein Hindernis - der Zaun - zu überwinden ist, ist die generelle Sachherrschaft des Firmeninhabers zwar gelockert, aber noch nicht gänzlich aufgehoben. Zudem hat der L noch keinen ungehinderten Zugang zu dem Auspuff. L hatte somit zum Zeitpunkt des Versteckens noch keinen Gewahrsam erlangt. Vollendeter Diebstahl durch das Verstecken scheidet daher aus.

L hat sich jedoch gem. §§ 242,22 wegen versuchten Diebstahls strafbar gemacht. *(ist in der Klausur auszuführen!)*

A könnte sich wegen Diebstahls nach § 242 StGB strafbar gemacht haben, als er den Auspuff abholt.

Der Auspuff stellt auch für A eine fremde bewegliche Sache dar. Diese steht im Gewahrsam des Firmeninhabers. Diesen Gewahrsam hat A ohne dessen Willen aufgehoben, den Gewahrsam also gebrochen und eigenen Gewahrsam begründet, indem er den Auspuff vom Firmengelände holt.

Er handelte auch mit Vorsatz und in der Absicht rechtswidriger Zueignung. Schließlich ist auch Verschulden gegeben. A hat sich gem. § 242 StGB strafbar gemacht.

A könnte sich auch wegen eines Diebstahls in einem besonders schweren Fall nach §§ 242, 243 I Nr. 2 StGB strafbar gemacht haben, als er den Auspuff abholt. Der Grundtatbestand des § 242 ist erfüllt. Da er bei Ausführung der Tat den Zaun überwinden musste, liegt auch das Regelbeispiel des § 243 I Nr. 2 StGB vor.

A hat sich gem. § 242, 243 I Nr. 2 StGB strafbar gemacht.

Fall 4 (Die Lampe im Baumarkt - Teil 1)

Der A legt in einem Selbstbedienungsbaumarkt des S zwei teure Halogen-Spots in seinen Einkaufswagen. Er hat vor, sie nicht zu bezahlen, sondern irgendwie an der Kasse vorbei zu schaffen.

Einige Regale später sieht er eine Tischlampe im Sonderangebot. Er öffnet den Karton, nimmt die Tischlampe heraus, legt die Spots hinein, verschließt den Karton wieder und fährt zur Kasse. Dort bezahlt er lediglich den Preis für das Sonderangebot. Strafbarkeit des A aus § 242 StGB?

Lösungsvorschlag

A könnte sich gem. § 242 StGB strafbar gemacht haben, indem er die Spots in den Einkaufswagen legte.

Bei den Spots handelte es sich um fremde, bewegliche Sachen. Diese standen im Gewahrsam des S. Fraglich ist, ob A den Gewahrsam des S gebrochen hat. Dann müsste A den Gewahrsam des S ohne oder gegen seinen Willen aufgehoben haben. A hat die Spots in den Einkaufswagen gelegt und befand sich weiterhin im Selbstbedienungsbaumarkt des S und somit in dessen Herrschaftsbereich. Bedingt durch die vorhandene Zueignungsabsicht war der Gewahrsam allenfalls gelockert, jedoch noch nicht gebrochen. Der Tatbestand des Diebstahls ist mangels Wegnahme also nicht erfüllt.

A könnte sich gem. § 242 StGB strafbar gemacht haben, indem er die Spots in den Karton der Tischlampe einpackte.

Karton und Inhalt verbleiben noch im Herrschaftsbereich des S und unterfallen somit weiterhin dessen jederzeitiger Zugriffsmöglichkeit. Ein Gewahrsamsverlust des S liegt somit nicht vor. Sein Gewahrsam wird auch nicht dadurch aufgehoben, dass S bzw. sein Personal keine Kenntnis davon haben, welche Lampen sich jetzt im Karton befinden. Darüber hinaus hat A auch keinen neuen Gewahrsam begründet; somit scheidet also auch hier § 242 StGB aus.

A könnte sich gem. § 242 StGB strafbar gemacht haben, indem er die Spots an der Kasse durchschmuggelte.

Fraglich ist, ob A durch das „Vorbeischmuggeln" der Spots an der Kasse den Gewahrsam des S gebrochen hat. Wie bei einem Kassiervorgang üblich, hat die Kassiererin des S den Karton nach dem Kassieren aus dem Herrschaftsbereich des S entlassen. Die Wegnahme könnte somit durch ein tatbestandsausschließendes Einverständnis ausgeschlossen sein. Dem könnte jedoch entgegenstehen, dass die Kassiererin ihrer Ansicht nach die Tischlampe kassiert und somit diese aus dem Herrschaftsbereich des Baumarktes entlässt. Sie wusste also nicht, dass sich die Spots in dem Karton befanden. Es ist aber anerkannt, dass bei irrtumsbedingter, aber ansonsten freier Willensbetätigung ein wirksames Einverständnis vorliegt. Somit fehlt es trotz Irrtums weiterhin an einem Gewahrsamsbruch und somit einer Wegnahme. A hat sich nicht gem. § 242 StGB strafbar gemacht.

In Betracht kommen aber eine Urkundenfälschung (§ 267 StGB) bei der Manipulation mit dem Karton und Betrug (§ 263 StGB) an der Kasse (dazu siehe unten).

Fall 5 (Der geschäftstüchtige Heizölfahrer):

F ist bei dem Heizölhändler H in Hamburg als Kraftfahrer angestellt. An Hand der ihm jeweils morgens ausgehändigten Unterlagen über die eingegangenen Bestellungen stellt er sich seine Fahrtroute zu Kunden in Hamburg und Umgebung eigenständig zusammen, betankt den Tankwagen und beliefert damit die Kunden - im Schnitt 6-7 Kunden pro Tag. Eines Tages stellt er fest, dass er morgens versehentlich 500 Liter Heizöl zuviel getankt hat und beschließt, diese Menge an den Gastwirt G seiner Stammkneipe zum halben Preis zu verkaufen. Strafbarkeit des F?

Lösungsvorschlag

F könnte sich gem. § 242 StGB strafbar gemacht haben, als er das Heizöl an G verkaufte.

Bei dem Heizöl handelt es sich um eine Flüssigkeit, die als körperlicher Gegenstand gem. § 90 BGB anzusehen ist und daher eine Sache darstellt. Diese ist auch beweglich und gehört dem H, ist also für F fremd.

Weiter ist eine Wegnahme des Öls, also der Bruch fremden und die Begründung neuen Gewahrsams erforderlich. Anfangs hatte H Gewahrsam, fraglich ist aber, ob durch das Betanken des Wagens der F Gewahrsam erlangt hat.
Grundsätzlich hat derjenige Gewahrsam, der die tatsächliche Einwirkungsmöglichkeit auf die Sache hat. Für die tatsächliche Einwirkungsmöglichkeit des Geschäftsinhabers H auf den Inhalt des Tankwagens spricht seine Kenntnis von den Kunden- und somit den Lieferanschriften.

Jedoch stellte der F seine Fahrtroute innerhalb der Großstadt selbständig zusammen, so dass von einem festen, dem H bekannten Zeitplan nicht ausgegangen werden kann. Somit bestand keine Einwirkungsmöglichkeit durch H während der Auslieferungsfahrt des F und dadurch Alleingewahrsam des F.

Dieser Gewahrsamswechsel beim Betanken geschah jedoch mit Einverständnis des H, also ohne Bruch des bis dahin bestehenden Gewahrsams.

Da bei Abgabe des Heizöls dann aber Alleingewahrsam des F bestand, scheidet eine Wegnahme aus. F hat sich mithin nicht gem. § 242 strafbar gemacht.

F könnte sich aber nach § 246 I 2. Alt StGB strafbar gemacht haben. Bei dem Öl handelt es sich um eine fremde bewegliche Sache, die der F nicht weggenommen hat, s.o. Durch den Verkauf an den Gastwirt hat er aber seinen Zueignungswillen objektiv manifestiert und sich damit das Öl zugeeignet. Vorsatz liegt ebenfalls vor. Anvertraut iSd § 246 I 2. Alt StGB ist eine Sache dann, wenn der Gewahrsam dem Täter in dem Vertrauen eingeräumt wurde, er werde die Gewalt nur im Sinne des Einräumenden ausüben. Dies ist bei dem überlassenen Heizöl der Fall. F hat nach § 246 I 2. Alt StGB strafbar gemacht.

Fall 6 (Der Fund im Bus):

Der S sieht im Reisebus eine Aktentasche, die der W dort hat liegen lassen. Er nimmt die Tasche mit nach Hause, um sie für sich zu behalten. W weiß nicht genau, wo er die Tasche hat liegen lassen. Strafbarkeit des S aus § 242?

Lösungsvorschlag:

A könnte sich gem. § 242 StGB strafbar gemacht haben, indem er die Tasche mitnahm.

Bei der Tasche handelt sich es um eine bewegliche Sache, die nach wie vor im Eigentum des W steht, also für S fremd ist.

Weiter müsste S die Tasche weggenommen haben. Wegnahme setzt den Bruch fremden Gewahrsams voraus. Ursprünglich stand die Tasche im Gewahrsam des W. Als dieser sie liegen ließ, könnte er seinen Gewahrsam verloren haben. Bei verlorenen Sachen wird zunächst darauf abgestellt, ob der bisherige Gewahrsaminhaber noch genau weiß, wo er die Sache verloren hat. Dann soll der Gewahrsam u.U. fortbestehen. Dies ist aber nach dem Sachverhalt nicht der Fall. Folglich hat W seinen Gewahrsam verloren.

Ein Bruch fremden Gewahrsams würde aber voraussetzen, dass die Tasche nicht mit Verlust gewahrsamslos geworden, sondern in den Gewahrsam eines Dritten gelangt ist. Gewahrsamslos wird eine Sache dann nicht, wenn sie innerhalb einer Sphäre verloren geht, in der ein genereller Herrschaftswille eines Dritten besteht, wie z.B. in Bahn und Bus. Da die Tasche hier im Bus, also in einer generellen Herrschaftssphäre verloren ging, fiel sie automatisch in den Gewahrsam des Busfahrers. Damit wurde die Sache nicht gewahrsamslos, sondern es bestand für S fremder Gewahrsam.

Da dieser von S ohne den Willen des Busfahrers aufgehoben wurde, hat S den fremden Gewahrsam gebrochen. Durch das Mitnehmen begründet S neuen Gewahrsam, eine Wegnahme liegt daher vor.

Vorsatz des S, die Absicht, sich die Tasche zuzueignen, Rechtswidrigkeit und Schuld sind gegeben. Er hat sich also gem. § 242 StGB strafbar gemacht.

Fall 7 (Der Dieb im Kaufhaus)

D will im Kaufhaus Kleidungsstücke stehlen. Er nimmt einen Pullover und eine Hose vom Ständer und geht in die Umkleidekabine. Dort steckt er die Hose in eine mitgebrachte Tasche, zieht den Pullover an und seinen Mantel darüber. Dann geht er zum Ausgang. Vom Kaufhausdetektiv, der ihn beobachtet hat, wird er am Ausgang gestellt. Strafbarkeit des D aus § 242 StGB?

Lösungsvorschlag

D könnte sich gem. § 242 StGB strafbar gemacht haben, indem er die Hose einsteckt und den Pullover unterzieht.

Dazu müsste D die Kleidungsstücke - fremde bewegliche Sachen - weggenommen, also fremden Gewahrsam gebrochen und neuen Gewahrsam begründet haben. D hat sowohl die Hose als auch den Pullover gegen den Willen des Kaufhausinhabers und seines Personals angezogen bzw. eingesteckt. In dieser Handlung müsste der Bruch fremden Gewahrsams liegen. Da D hierbei vom Detektiv beobachtet wurde, könnte der Bruch des Gewahrsams problematisch sein. Jedoch stellt die bloße Beobachtung noch keine Einverständniserklärung zur Wegnahme dar. Ferner hat eine Wegnahme auch nicht zwingend heimlich zu erfolgen. Somit liegt in der Handlung des D trotz Beobachtung durch den Detektiv ein Gewahrsamsbruch.

Da sich nach dem Anziehen und Verstecken in der Tüte die Sachen in der Körpersphäre des D, also in dessen Herrschaftsbereich befinden, hat D auch neuen Gewahrsam begründet.

Vorsatz des D, Zueignungsabsicht, Rechtswidrigkeit und Schuld sind ebenfalls gegeben. D hat sich also gem. § 242 StGB strafbar gemacht.

Vorsatz

Erforderlich zur Strafbarkeit ist Vorsatz hinsichtlich sämtlicher Merkmale des objektiven Tatbestandes. Der Täter muss also alle objektiven Tatbestandsmerkmale kennen und in seinen Willen aufnehmen. Es genügt dazu **„dolus eventualis"** als Mindestform des Vorsatzes, also, dass der Täter das Eintreten der vorhandenen Tatbestandsmerkmale billigend in Kauf nimmt. Hinsichtlich der Fremdheit der Sache muss der Täter mittels einer „Parallelwertung in der Laiensphäre" den wesentlichen Bedeutungsgehalt „laienhaft" erfassen. Fehlt der Vorsatz, so scheidet eine Strafbarkeit aus (§ 16 StGB).

Bsp.: Der Student S nimmt im Hörsaal eine Gesetzessammlung mit, von der er glaubt, es sei seine eigene. Tatsächlich handelt es sich um das Buch des L. - Hier fehlt dem S der Vorsatz bzgl. der Fremdheit der Sache; Diebstahl liegt nicht vor.

Der Vorsatz des Täters muss sich nicht von vorne herein auf ein bestimmtes Tatobjekt richten; er kann sich auch allgemein auf „alles Stehlenswerte" beziehen. Der Vorsatz zum Diebstahl bleibt derselbe, auch wenn er sich im Rahmen einer einheitlichen Tat verengt, erweitert oder sonst wie verändert (BGHSt 22, 350, 351; BGH NStZ 82, 380)

Für einen Irrtum im Bereich des objektiven Tatbestandes gelten die allgemeinen Regeln. Nimmt der Täter also irrtümlich Umstände an, die den objektiven Tatbestand entfallen lassen (er glaubt, die Sache sei herrenlos, gehöre ausschließlich ihm oder es liege ein tatbestandsausschließendes Einverständnis vor), so fehlt ihm der Vorsatz.

Bsp.: Der E sieht auf einer Parkbank eine Aktentasche stehen, von der er glaubt, der Eigentümer habe sie vergessen und nimmt sie mit. In Wirklichkeit hatte der Eigentümer die Tasche nur kurz abgestellt. - Hier liegt objektiv ein Gewahrsamsbruch vor, allerdings hielt der E die Tasche für gewahrsamslos. Damit scheidet Diebstahlsvorsatz aus; zu prüfen bleibt aber, ob der E gem. § 246 StGB wegen Unterschlagung strafbar ist.

Unerheblich ist dabei, ob sich der Vorsatz von Anfang an auf ein bestimmtes Objekt bezieht oder der Täter nur „irgendetwas" stehlen will.

Bsp.: *Der Einbrecher E steigt in eine Wohnung ein, um Beute zu machen. Er rechnet mit Schmuck und Bargeld. Als er nichts findet, sucht er weiter nach verwertbaren Sachen und nimmt schließlich den Fernseher mit. - Hier erstreckt sich der Vorsatz des E ursprünglich auf Schmuck und Geld; sein Vorsatz wechselt später zum Fernseher. § 242 StGB liegt vor, da er von Anfang an und während der gesamten Tatzeit „irgendetwas" stehlen will, also einen globalen Diebstahlsvorsatz besitzt.*

Etwas Anderes gilt nur dann, wenn der Täter zwischenzeitlich seinen ursprünglichen Entschluss völlig aufgibt und später einen neuen, anderen Entschluss fasst.

Bsp.: *Der Einbrecher E steigt in ein Haus ein, um den Safe zu knacken. Als ihm dies nicht gelingt, will er den Tatort ohne Beute verlassen. Auf dem Rückweg durch den Keller sieht er die Weinvorräte des Hausherrn und räumt den Weinkeller aus. - Hier hat E den Diebstahlsentschluss zwischenzeitlich gänzlich aufgegeben. Es liegt Versuch bzgl. des Safeinhaltes vor (der Rücktritt erfolgte nicht freiwillig, sondern weil der Versuch fehlgeschlagen war) und vollendeter § 242 StGB bzgl. der Weinflaschen.*

Besonders genau muss geprüft werden, wenn der Täter an die Zustimmung „eines Berechtigten" glaubt. Glaubt er an das **Einverständnis des Gewahrsamsinhabers**, dann fehlt ihm der Vorsatz bzgl. des objektiven Tatbestandsmerkmals der Wegnahme. Glaubt er dagegen an die Zustimmung des Eigentümers, so fehlt ihm die Absicht der rechtswidrigen Zueignung.

Bsp.: *Der F kommt mit seinem PKW an einer Baustelle vorbei. Da er für Reparaturarbeiten an seinem Haus noch einen Sack Zement benötigt, hält er an und fragt den dort stehenden X, ob er sich einen Sack mitnehmen darf. Er erhält die Erlaubnis und lädt den Sack in seinen Wagen. Jetzt erscheint der Eigentümer E und stellt ihn zur Rede. Es stellt sich heraus, dass X nur der Nachbar ist, der dem E eins auswischen wollte. - Ein wirksames Einverständnis liegt nicht vor, da der X nicht Gewahrsamsinhaber ist. Der objektive Tatbestand des § 242 StGB ist erfüllt. Auf der subjektiven Seite ist entscheidend, welche Vorstellungen der F von der Person des X hatte. Hielt er ihn für den Gewahrsamsinhaber - also z.B. den Bauführer -, dann glaubte er an ein Einverständnis und der Vorsatz bzgl. der Wegnahme entfällt. Hielt er ihn für den Eigentümer, fehlt dem F die Absicht der rechtswidrigen Zueignung.*

Absicht der rechtswidrigen Zueignung

Erforderlich ist neben dem Vorsatz die Absicht, sich oder einem Dritten die Sache rechtswidrig zuzueignen. Diese Absicht muss im Zeitpunkt der Wegnahme vorliegen; erfolgt der Zueignungsentschluss erst später, kommt nur § 246 StGB in Frage.

Zueignung

Zueignung bedeutet:
- **die Anmaßung**
- **einer eigentümerähnlichen Herrschaftsmacht**
- **über die Sache**

Für eine Zueignung ist erforderlich, dass der Täter sich oder einem Dritten

> **- die Sache selbst oder**
> **- den in ihr verkörperten Sachwert**
> **- dem eigenen Vermögen einverleibt**

Dazu muss der Täter sich oder den Dritten wirtschaftlich an die Stelle des Eigentümers setzen. Die Zueignung enthält **zwei Komponenten**:

> **die endgültige Enteignung des Berechtigten**
> und
> **die zumindest vorübergehende Aneignung**
> **durch den Täter oder den Dritten.**

Beide Elemente sind bei der Prüfung sorgfältig auseinander zu halten.

Für den vollendeten Diebstahl ist keine objektive Zueignung erforderlich (im Gegensatz zur Unterschlagung nach § 246 StGB), sondern nur als subjektives Element der entsprechende Wille.

Die subjektive Seite der Zueignung

> **Zur Enteignung des Berechtigten**
> **reicht** *jede Form des Vorsatzes*, **also auch dolus eventualis,**
>
> **hinsichtlich der Aneignung durch den Täter oder den Dritten**
> **ist Absicht erforderlich.**

Vorsatz hinsichtlich der Enteignung

Enteignung bedeutet,

> **der Berechtigte wird auf Dauer aus**
> **seiner bisherigen Position verdrängt**

Enteignungsvorsatz, auch Enteignungswille genannt, liegt vor, wenn der Täter zumindest billigend in Kauf nimmt, dass der rechtmäßige Zustand auf Dauer tatsächlich vereitelt wird.

Der erforderliche **Enteignungswille fehlt** demnach nur dann, wenn der Täter den entwendeten Gegenstand ohne wesentlichen Wertverlust zurückgeben will.

> **Bsp.:** *A entwendet einen PKW für eine kurze Spritztour, um das Fahrzeug danach wieder am gleichen Platz abzustellen. - Hier besteht der Rückführungswille im Zeitpunkt der Tat; das Fahrzeug gelangt auch ohne wesentlichen Wertverlust wieder zurück. A ist lediglich strafbar gem. § 248 b StGB (Unbefugter Gebrauch eines Kraftfahrzeugs).*

> **Gegenbsp.:** *B entwendet einen PKW, um damit an der Rallye Paris-Dakar teilzunehmen. Er beabsichtigt, das Fahrzeug am Ende der Rallye in der Wildnis stehen zu lassen. - Dem B fehlt es am Rückführungswillen, denn es ist völlig ungewiss, ob, wann und in welchem Zustand der Eigentümer sein Fahrzeug zurückbekommen wird.*

> **Weiteres Bsp.:** *C entwendet die im Briefkasten des X steckende Tageszeitung, die er in den nächsten Tagen zurückgeben will. - In diesem Fall besteht zwar der Wille zur Rückgabe, aber zu einem Zeitpunkt, in dem die Tageszeitung als aktuelles Informationsmedium wertlos ist. Der Enteignungswille im Tatzeitpunkt ist also zu bejahen.*

> **Weiteres Bsp.:** *A nimmt dem B eine Surfausrüstung weg, die sich dieser für den anstehenden Sommerurlaub gekauft hat. Er will sie ihm auf jeden Fall zurückgeben, jedoch erst zum Ende des Sommers. A hat zwar gleich zu Beginn der Tat den absoluten Rückführungswillen. Er plant jedoch seinen Gebrauch so unangemessen lange, dass für B die Surfsaison gelaufen ist. Diese zeitliche Überschreitung ist wie eine Enteignung zu werten, da davon auszugehen ist, dass sich B Ersatz beschafft.*

> **Weiteres Bsp:** *A lockt die Katze des B, die der F im Hausflur gefunden hat, zu sich in die Wohnung, um sie später dem B gegen Finderlohn auszuhändigen. A hat keine Zueignungsabsicht, da er sich zu keiner Zeit die Stellung des Eigentümers anmaßt.*

Der unbedingte Rückgabewille muss bereits im Augenblick der Wegnahme vorhanden sein; es reicht nicht aus, dass der Täter später den Entschluss zur Rückführung fasst.

> **Bsp.:** *A entwendet einen PKW. Da ihm das Fahrzeug aber nicht gefällt, bringt er den Wagen auf den ursprünglichen Parkplatz zurück.*

Auch reicht es für den Rückgabewillen nicht aus, wenn die weggenommene Sache nach Gebrauch dem unkontrollierten Zugriff Dritter preisgegeben wird oder es dem Zufall überlassen bleibt, ob und wann der Eigentümer den Gegenstand wieder erhält.

> **Bsp.:** *A entwendet einen Pkw. Er unternimmt damit eine Spritztour und lässt das Fahrzeug auf einem Autobahnparkplatz zurück.*

Der Rückgabewille fehlt auch dann, wenn der Täter zwar die Rückführung an den Berechtigten vorhat, aber dessen Eigentümerposition leugnet.

> **Bsp.:** *D entwendet von einem Schrottplatz Altmetall, um es am nächsten Tag dem Inhaber des Schrottplatzes zu verkaufen. - Hier will der Täter zwar die entwendeten Gegenstände zurückgeben, aber unter Leugnen der Eigentumsposition des Berechtigten. Auch dann scheidet der Rückgabewille aus; D hat Enteignungswillen.*

> **Gegenbsp.:** *Der F entwendet den Dackel der Witwe W, um das Tier einige Tage später gegen Finderlohn zurückzugeben. - Hier leugnet der F nicht die Eigentümerstellung der W, es liegt keine Zueignungsabsicht und damit kein Diebstahl vor.*

> **Gegenbsp.:** *Soldat S hat den Koppel (Gürtel) seiner Uniformhose verloren. Er nimmt diesen einem anderen Soldaten weg, um seine Uniform am nächsten Tag komplett in der Kleiderkammer abzugeben. – Hier erfolgt die Wegnahme zum Zwecke der Vervollständigung der eigenen Ausstattung. S will den Gürtel zu keiner Zeit behalten, da er weiß, die Ausstattung gehört dem Dienstherrn.*

Aneignung ist die Anmaßung einer eigentümerähnlichen Stellung

Dazu ist die - zumindest vorübergehende - Einverleibung der Sache oder des Sachwertes der durch den Gewahrsamsbruch erlangten Sache in das eigene Vermögen **oder das eines Dritten** erforderlich.

Für die **Absicht der Aneignung** muss der Täter also bezwecken, die Sache selbst ihrer Substanz nach seiner Verfügungsgewalt oder der des Dritten zu unterwerfen oder ihren spezifischen Funktionswert seinem Vermögen oder dem des Dritten zuzuführen. Aneignung beinhaltet aber keine wirtschaftliche Bereicherung. Es können also auch wertlose Gegenstände gestohlen werden.

> **Bsp.:** *Der D entwendet einen Zettel aus einem Stapel Altpapier, um darauf seine Schulaufgaben zu machen. - Hier eignet er sich den wertlosen Zettel der Substanz nach zu und benutzt ihn so, wie der Eigentümer ihn ebenfalls benutzen würde.*

Eine **Aneignung ist nicht beabsichtigt**, wenn der Täter lediglich den Gegenstand **zerstören** will. (BGH 4 StR 502/10 v, 27.01.2011).

> **Bsp.:** *Der N ärgert sich über den schönen Rosenstrauch im Garten des Nachbarn. Er gräbt ihn aus und wirft ihn auf den Müll. - Hier fehlt es an der Aneignungsabsicht, da der N für sein eigenes Vermögen keinerlei Vorteile ziehen, sondern lediglich zerstören will. Er ist nicht nach § 242 StGB, sondern nur nach § 303 StGB (Sachbeschädigung) strafbar.*

Eine Zerstörung setzt aber eine Vernichtung voraus. Daher liegt kein Fall bloßer Zerstörung vor, wenn die Sache in der **üblichen Weise verwertet** werden soll.

> **Bsp.:** *L stiehlt einen Sack Kohle, um sie in seinem Ofen zu verheizen. - Hier geht es dem L dagegen nicht um die Zerstörung der Sache, sondern er will durch das Verbrennen der Kohle deren wirtschaftlichen Wert für sich ausnutzen. Es ist Aneignungsabsicht gegeben.*
>
> **Weiteres Bsp.:** *Der A stiehlt an der Tankstelle Benzin, um damit sein Auto zu betreiben. - Der A bewirkt zwar die Verbrennung des Benzins, es geht ihm aber darum, den wirtschaftlichen Wert des Treibstoffs zu erlangen.*

Problematisch sind die Fälle, in denen der Gegenstand zwar zerstört werden soll, aber die Zerstörung nicht wie im vorstehenden Beispiel der bestimmungsgemäßen Nutzung entspricht. In diesen Fällen muss der Vorsatz genau geprüft werden. Geht es dem Täter nur um die Zerstörung der Sache, so liegt kein Aneignungswille vor. Will der Täter aber den in der Sache liegenden Sachwert erlangen und geschieht dies durch die Verwertung mittels einer Zerstörung der Sache, liegt Aneignungswille vor.

> **Bsp.:** *Der X entwendet bei seinem Nachbarn teure Möbel um sie in seinem Kamin zu verfeuern. - Hier muss der Vorsatz genau geprüft werden. Geht es dem X nur um die Zerstörung der Möbel und stellt das Verbrennen für ihn nur den einfachsten Weg der Entsorgung dar, so liegt darin kein Aneignungswillen. Unternimmt er diese Schritte aber um Heizmaterial zu erlangen, so liegt Aneignungsabsicht vor.*

In manchen Fällen ist auch hinsichtlich der Tatobjekte zu differenzieren.

> **Bsp.:** *A stiehlt aus dem Laden des L die verschlossene Geldkassette, um sie in Ruhe zu öffnen. Das Geld will er behalten, die Kassette wegwerfen. - Hier liegt Aneignungsabsicht nur hinsichtlich des Inhalts vor, da A nicht beabsichtigt, die Kassette selbst zu behalten.*

Bsp.*: Hat der Täter bei der Wegnahme einer Tüte keine Vorstellungen über bestimmte Gegenstände darin, sondern umfasst die Vorstellung nur veräußerbare Gegenstände oder Gegenstände, die er zum eigenen Gebrauch verwenden kann, so müssen diese auch tatsächlich Inhalt des Behältnisses sein. (BGH StR 174/13).*

Handelt der Täter lediglich, um das Opfer durch die Wegnahme der Sache zu ärgern, dann scheidet ein Aneignungswille ebenfalls aus. Beschränkt sich die Absicht des Täters bei fehlendem Aneignungswillen also lediglich darauf, den Berechtigten seiner tatsächlichen Verfügungsmacht über die Sache zu entkleiden, kommt nur eine - straflose - Sachentziehung in Betracht.

Bsp.*: Der A ist mit der B verlobt. Als die B sich einem anderen Mann – dem X - zuwendet und die Verlobung auflöst, nimmt der A eine Halskette an sich, die er der B zur Verlobung geschenkt hatte. Er hofft, durch die Wegnahme der Kette Unstimmigkeiten in die Beziehung zwischen der B und dem X zu bringen und so die B zurückgewinnen zu können. Diese Kette hängt er in seiner Wohnung hinter ein Bild der B. Er will ihr die Kette zurückgeben, sobald die B die Beziehung zu X beendet und zu ihm, dem A zurückkehrt. Später vergisst A die Kette dort.*

Maßgebliches Abgrenzungskriterium zwischen Zueignung und Sachentziehung ist die für die Zueignung notwendige "Aneignung". Daran fehlt es bei der Wegnahme einer Sache, die lediglich geschieht, um deren Eigentümer zu ärgern oder zu reizen.

Jedoch ist die Absicht des Täters nicht auf Zueignung gerichtet, wenn er an der Sache als solcher kein Interesse hat, es ihm vielmehr allein darum geht, durch ihren Entzug in irgendeiner Form auf den Eigentümer oder einen Dritten einzuwirken.

BGH, bei: Holtz, MDR 1982, 810; NJW 1985, 812; BayObLG, NJW 1992, 2040; OLG Köln NJW 1997, 2611

Fälle der Gebrauchsanmaßung

An der **Aneignungsabsicht fehlt** es auch, wenn der Täter die Sache lediglich gebrauchen will. Die bloße Gebrauchsanmaßung ist bis auf die Ausnahmen in § 248 b StGB (unbefugter Gebrauch eines Kraftfahrzeugs) und § 290 StGB (unbefugter Gebrauch von Pfandsachen) nicht strafbar.

Bsp.*: Der Z entwendet den PKW des Y, um damit eine kleine Spritztour in die nächste Diskothek zu unternehmen und den Wagen anschließend irgendwo abzustellen. - Hier fehlt es an der Aneignungsabsicht, weil der Z das Fahrzeug nur vorübergehend und ohne nennenswerten Wertverlust gebrauchen will.*

Abzugrenzen ist dies allerdings von den Fällen, in denen durch den Gebrauch der Sache ein Wertverlust eintritt und der Täter sich gerade diesen Wert zunutze macht.

Bsp.*: X entwendet aus einer Verkaufsausstellung ein neuwertiges Auto, um damit eine Europatour zu machen. Anschließend will er das Fahrzeug wieder beim Händler abstellen. - Hier liegt nicht nur eine Gebrauchsanmaßung vor, denn das Fahrzeug wird durch diese Tour nicht nur „gebraucht", sondern „verbraucht". Es erleidet einen erheblichen Wertverlust und ist nicht mehr als Neuwagen zu verkaufen. Darin ist die erforderliche Enteignung zu sehen. Den wirtschaftlichen Vorteil, der diesem Wertverlust entspricht, wollte X andererseits auch seinem Vermögen zuführen, sich insoweit die Sache also aneignen.*

Problematischer sind die Fälle, in denen es dem Täter nicht eigentlich auf die Sache selbst ankommt, sondern den darin verkörperten Sachwert. Fraglich ist dabei, ob in der Sache ein bestimmter Wert „verkörpert" ist, dann liegt Zueignungsabsicht vor, oder ob die Sache lediglich ein Mittel darstellt, um an einen anderen Wert zu gelangen, dann fehlt es an der Absicht der Zueignung.

Sparbücher sind **qualifizierte Legitimationspapiere** i.S.d. § 808 BGB, bei denen an den Inhaber mit befreiender Wirkung geleistet werden kann. Dies gilt ebenso für Theaterkarten, Fahrkarten, Gutscheine, Getränke- oder Garderobenmarken.

> **Bsp.:** *Der A bringt das Sparbuch seiner Tante T an sich, um das Geld abzuheben und das Buch anschließend unbemerkt zurückzulegen. - Hier will der A das Sparbuch „als Sache" nicht behalten, sondern es geht ihm um das Geld, das praktisch „im Sparbuch verkörpert" ist. Das Sparbuch wird als wertlose leere Hülle zurückgegeben. Hier hat A den Willen, sich den Sachwert des Sparbuchs zuzueignen. § 242 StGB liegt vor.*

> **Weiteres Bsp.:** *Der B entwendet beim Betriebsfest eine Rolle Biermarken, um sie gegen Bier einzutauschen. - Auch hier beabsichtigt der B, sich den in den Marken verkörperten Sachwert - also das Bier - anzueignen.*

Ein **Rückgabewille** liegt bei unberechtigter Benutzung von Kontokarten usw. vor, da in diesen Fällen auch der in der Karte verkörperte Sachwert nicht angeeignet wird.

> **Bsp.:** *Der C hat die Kontokarte des X entwendet, um einige Abhebungen zu machen und die Karte danach heimlich zurückzulegen. - Hier liegt keine Zueignungsabsicht vor. Das abgehobene Geld ist kein in der Karte verkörperter Sachwert, so dass die Aneignungsabsicht entfällt. Die Karte selbst wollte der C zurückgeben; es liegt also Rückgabewille und damit kein Wille auf eine dauerhafte Enteignung des Berechtigten vor.*

Die vorstehenden Grundsätze vereinigen für die Frage der Zueignung sowohl Aspekte der **Substanz-** wie der **Sachwertzueignung**. Dieser sog. **Vereinigungstheorie** folgt die heute h.M. in Rechtsprechung und Literatur.

Vgl. BGHSt 4, 236, 238f; 24, 115,119; 35, 152, 156; Sch-Sch-Eser, § 242 Rdn 47-49,

Der Täter muss die Sache **sich oder einem Dritten** zueignen, also **sich selbst** oder **den anderen** wirtschaftlich an die Stelle des Berechtigten setzen wollen.

> **Bsp.:** X hat sich mit seiner Frau zerstritten und lebt getrennt. Er möchte ein Schmückstück aus der Wohnung haben, das seiner Oma gehörte. Seine Tochter Z findet alten Schmuck toll und nimmt dieses Schmuckstück – ohne Kenntnis der Mutter – mit in ihre Wohnung. Als ihr Vater sie bittet, es ihm auszuhändigen, kommt sie seinem Wunsch nach. - Z hat sich wie ein Eigentümer verhalten und den Schmuck zunächst für sich verwendet. Sie hat mit der erforderlichen Aneignungsabsicht gehandelt. Kurz darauf – und somit zeitlich danach – übergibt sie ihrem Vater den Schmuck. Somit hat sie die Absicht, ihren Vater - einen Dritten – in die Position des Eigentümers zu setzen.

Folglich ist Diebstahl durch Unterlassen möglich, wenn ein Garant die Wegnahme durch einen Dritten duldet.

> **Bsp.:** *Der N ist Nachtwächter auf dem Großmarkt. Er duldet aus Mitleid, dass Obdachlose Obst stehlen.*

> **Bsp:** *H ist in einem Bekleidungsgeschäft angestellt und sieht während ihrer Arbeitszeit tatenlos zu, wie sich ihre Freundin Sachen nimmt und damit den Laden verlässt.*

Rechtswidrigkeit der Zueignung

Die angestrebte Zueignung muss objektiv rechtswidrig sein. Dies ist dann der Fall, wenn ihr kein Anspruch auf Übereignung zugrunde liegt.

Die angestrebte Zueignung ist objektiv rechtswidrig, wenn ihr kein Anspruch auf Übereignung der Sache zugrunde liegt.

Hat dagegen der Täter einen **fälligen und einredefreien Anspruch** auf Übereignung gerade dieser weggenommenen Sache, dann scheidet § 242 StGB aus. Denn dann entspricht die durch die Wegnahme erreichte Situation der tatsächlichen Eigentumslage. Strafwürdig ist der Täter dann nur, wenn er für die Wegnahme zusätzlich ein besonderes Mittel einsetzt wie z.B. Gewalt oder Körperverletzung.

> **Bsp.:** *A interessiert sich für den gebrauchten PKW des E. Dieser fordert 1.000 EUR, die der A auch sogleich bezahlt. Er soll den Wagen am nächsten Tag abholen und übereignet bekommen. Als A den Wagen abholen will, erklärt der E, er habe es sich anders überlegt; er wolle jetzt 1.500 EUR. Der A lässt sich darauf nicht ein, sondern steigt in den Wagen und fährt davon. - Da eine Übereignung des PKW noch nicht stattgefunden hat, nimmt A eine fremde Sache weg. Allerdings besteht hier aus dem am Vortage wirksam abgeschlossenen Kaufvertrag ein Anspruch auf Übereignung genau dieses Fahrzeugs. Es fehlt mithin an der Rechtswidrigkeit der Zueignung.*

> **Bsp.:** *Der Erblasser E hat in einem notariellen Testament seinen Sohn S zum Alleinerben eingesetzt und seiner Geliebten G ein wertvolles Bild vermacht. Als der E stirbt, schafft die G das Bild beiseite. - Das Eigentum am Bild ist aufgrund des wirksamen notariellen Testaments auf S übergegangen (§1922 BGB) und damit für G eine fremde Sache. Das Vermächtnis verschafft der G gem. § 2174 BGB aber einen schuldrechtlichen Anspruch auf Übereignung des Bildes gegen den Erben S. Daher fehlt es an der Rechtswidrigkeit der Zueignung.*

Anders ist die Lage, wenn es sich um eine **Gattungsschuld** handelt. Bei Gattungsschulden hat allein der Schuldner das Recht auszuwählen und zu konkretisieren (vgl. § 243 BGB). Der Anspruch richtet sich also „nur" auf eine Leistung „mittlerer Art und Güte". Bei einer Gattungsschuld steht dem Gläubiger nicht das Recht zu, selbst die Auswahl vorzunehmen. Verletzt der Gläubiger dieses Auswahlrecht des Schuldners, ist sowohl die Wegnahme als auch die angestrebte Zueignung objektiv rechtswidrig.

> **Bsp.:** *Der Bauer B verkauft in der Gaststätte an den F einen Zentner Kartoffeln, die dieser am nächsten Tag auf dem Bauernhof abholen soll. F bezahlt die Kartoffeln sofort. Als er am nächsten Tage auf den Bauernhof erscheint, will B die Kartoffeln nicht herausgeben. F geht in die offene Scheune, nimmt einen der dort lagernden Kartoffelsäcke an sich und fährt damit davon. - Hier ist die Rechtswidrigkeit der Zueignung gegeben, denn der F hatte keinen Anspruch auf diesen konkreten Sack Kartoffeln.*

Umstritten ist die Lage bei **Geldschulden**, die zivilrechtlich Gattungsschulden sind.

> **Bsp.:** *Der Z hat von seinem Arbeitgeber A noch Gehalt zu bekommen. Als er die offene Kasse sieht, nimmt er sich die 500 EUR heraus, die der A ihm noch schuldet. - Hier hat der Z einen Zahlungsanspruch auf 500 EUR, nicht aber auf die konkreten Sachen, also die Geldscheine, die er wegnimmt.*

Die **Lösungsansätze für diese Fälle** sind unterschiedlich.

In der **Literatur** wird die **Wertsummentheorie** vertreten, nach der bei einer bestehenden Forderung dem einzelnen Geldschein kein besonderer Eigentumsschutz mehr zukommt. Nach der Rechtsordnung komme es auf die Forderung an, nicht darauf, mit welchem konkreten Geldschein diese erfüllt werde. Damit entfällt nach dieser Theorie die Rechtswidrigkeit der Zueignung.

Schönke-Schröder-Eser, § 242 Rdnr. 59; Wessels/Hillenkamp, BT-2, Rdnr.202; SK-Hoyer § 242 Rdnr. 99 Lackner/Kühl § 242 Rdnr. 27, Leipziger-Kommentar LK-Ruß § 242 Rdnr. 69.

Die **Rechtsprechung** behandelt dagegen die Geldschulden auch als Gattungsschulden, so dass die Rechtswidrigkeit der Zueignung gegeben ist. Da aber in der Bevölkerung die Vorstellung bestehe, ein Gläubiger könne sich aus allen verfügbaren Finanzmitteln des Schuldners befriedigen, wird die Lösung über die Irrtumsregelungen gesucht. In aller Regel wird danach der auf die Rechtswidrigkeit der Zueignung gerichtete Vorsatz des Täters verneint.

BGHSt 17, 87, 88f;, BHG StV 94, 128; 2000, 78

Ein anderer Lösungsansatz ist beim **eigenmächtigen Wechseln von Geld** zu suchen. Hier ist es nämlich nicht möglich, mit einer bestehenden Forderung zu argumentieren, da gerade **kein Anspruch auf das eingewechselte Geld** besteht. Herangezogen wird in diesen Fällen der Rechtfertigungsgrund der **mutmaßlichen Einwilligung** (offensichtlich weichendes Interesse), da es dem Opfer in der Regel gleichgültig ist, welche Geldscheine bzw. Münzen er hat. Entscheidend ist im Regelfall, dass der Gesamtwert der vorhandenen Zahlungsmittel nicht verringert wird.

Bsp.: Der A benötigt dringend Kleingeld für den Zigarettenautomaten. Er geht an die Handtasche seiner Arbeitskollegin B, die sich gerade nicht im Raum befindet, legt einen 10 EUR Schein in deren Geldbörse und entnimmt entsprechende Münzen. - Wegen einer mutmaßlichen Einwilligung der B fehlt es an der Rechtswidrigkeit der Zueignung.

In anderen Fällen kann nicht mit dem Gesichtspunkt der mutmaßlichen Einwilligung gearbeitet werden, nämlich, wenn kein offensichtlich weichendes Interesse vorliegt.

Bsp.: A und B haben nebeneinander zwei Stände auf dem Trödelmarkt. A hat gute Geschäfte gemacht, allerdings sehr viel Münzgeld eingenommen. Da sieht er, dass sich in der Kasse des B Geldscheine befinden. Als B einen Augenblick nicht an seinem Stand ist, entnimmt er der Kasse des B 1.000 EUR in Scheinen und legt ihm einen Sack mit entsprechend viel Münzgeld in seine Kasse. - Zwar ist es im Normalfall gleichgültig, ob man die gleiche Summe Geldes als Schein oder in Münzen in seiner Geldbörse hat. Dies gilt aber nur bei einer Menge Münzen, die sich ohne große Mühe auch wieder absetzen lässt. Bei unsortierten Münzen im Gegenwert von 1.000 EUR ist dies nicht der Fall. Der B kann diese Münzen nicht in absehbarer Zeit an seinem Marktstand an Kunden absetzen. Vielmehr muss er den schweren Münzsack zur Bank bringen, die Münzen sortieren und in Rollen verpacken, bevor die Bank entsprechende Mengen Kleingeld annimmt. Eine mutmaßliche Einwilligung ist ebensowenig anzunehmen wie ein offensichtlich weichendes Interesse.

Was für Geld gilt, kann u.U. auch für Gattungsschulden gelten.

Bsp.: *Der Hotelgast nimmt am Abend aus dem Regal des Portiers eine Schachtel Zigaretten und legt den Kaufpreis an die Stelle des Päckchens. Der Hotelgast hat hier keinen Anspruch auf das Päckchen Zigaretten, da noch kein Kaufvertrag zustande gekommen ist und ihm folglich kein Anspruch auf Lieferung aus der Gattung zusteht. Er erfüllt jedoch seinerseits die Pflichten aus dem - noch nicht geschlossenen - Kaufvertrag, zahlt den Kaufpreis und leistet so seinen Beitrag zur Übereignung des Geldes.*

Kritisch ist allerdings anzumerken, dass durch die extensive Annahme solcher Gründe, die auf irgendeine Weise die Rechtswidrigkeit bei § 242 StGB ausschließen, die Grenzen zwischen dem Diebstahl als Eigentumsdelikt und einem reinen Vermögensdelikt verwischt werden.

Vorsatz bezüglich der Rechtswidrigkeit der Zueignung

Da die Rechtswidrigkeit der beabsichtigten Zueignung ein objektives Tatbestandsmerkmal ist, muss sie vom Vorsatz des Täters erfasst sein. Es genügt dolus eventualis (**bedingter Vorsatz**). Der Täter muss dazu die Rechtswidrigkeit der Zueignung zumindest laienhaft in seine Vorstellung aufgenommen haben.

Wiederholungsfragen zum 1. Kapitel, 3.Teil

1. Welche subjektiven Tatbestandsmerkmale erfordert eine Bestrafung nach § 242 StGB?

Vorsatz bezüglich aller Merkmale des objektiven Tatbestandes, also hinsichtlich der fremden beweglichen Sache und der Wegnahme. Darüber hinaus ist Absicht rechtswidriger Zueignung erforderlich.

2. Wie definiert man die Zueignung?

Anmaßung einer eigentümerähnlichen Herrschaftsmacht über die Sache, indem der Täter entweder die Sache selbst oder den in ihr verkörperten Sachwert dem eigenen Vermögen oder dem eines Dritten einverleibt, sich oder den Dritten also wirtschaftlich an die Stelle des Eigentümers setzt.

3. Welche Elemente der Zueignung sind auseinander zu halten?

Die Zueignung setzt sich zusammen aus der endgültigen Enteignung des Berechtigten und der zumindest vorübergehenden Aneignung durch den Täter oder den Dritten.

4. Muss die Zueignung tatsächlich erfolgt sein?

Nein!

5. Was genügt für eine Zueignung also?

Bei § 242 reicht es, anders als bei § 246, aus, dass der Täter die Zueignung nur beabsichtigt.

6. Welche Vorsatzform ist hinsichtlich der Zueignung erforderlich?

Für Enteignung des Berechtigten reicht jede Form des Vorsatzes, also auch dolus eventualis. Hinsichtlich der Aneignung durch den Täter ist Absicht - dolus directus - erforderlich.

7. Wann liegt Enteignungswille vor?

Wenn der Täter zumindest billigend in Kauf nimmt, dass der rechtmäßige Zustand auf Dauer tatsächlich vereitelt und der Berechtigte dauerhaft aus seiner bisherigen Position verdrängt wird.

8. Welche Auswirkungen hat es, wenn der Täter die Sache zurückgeben will?

Es fehlt in aller Regel der Wille, den Berechtigten zu enteignen.

9. Gibt es Ausnahmen?

Eine Enteignung des Täters ist dann nicht ausgeschlossen, wenn die Sache in einem deutlich entwerteten Zustand zurückgegeben wird, also z.b. ein Pkw nach einer längeren, den Wert des Fahrzeuges vermindernden Fahrt oder eine Tageszeitung zu einem Zeitpunkt, an dem sie nur noch als Altpapier verwendet werden kann.

10. Welche weitere Ausnahme gibt es?

Wenn der Täter die Sache unter Leugnen der Eigentümerposition des Berechtigten zurückgeben will.

11. Nennen Sie ein Beispiel dafür!

Der Täter will dem Opfer dessen eigene Sache wieder verkaufen.

12. Zu welchem Zeitpunkt muss dieser Rückführungswille des Täters vorhanden sein?

Zum Zeitpunkt der Verwirklichung des objektiven Tatbestandes, also im Augenblick der Wegname.

13. Welche Konsequenzen hat es, wenn der Täter sich erst später zur Rückführung der Sache entscheidet?

Hat auf den bereits vollendeten Diebstahl keine Auswirkungen.

14. Wie definiert man die Aneignung?

Anmaßung einer eigentümerähnlichen Stellung durch - zumindest vorübergehende − Einverleibung der Sache oder des Sachwertes der durch den Gewahrsamsbruch erlangten Sache in das eigene Vermögen des Täters oder des Dritten.

15. Was versteht man unter dem Sachwert?

Ein spezifischer, nach Art und Funktion mit der Sache verknüpfter Wert.

16. Liegt Enteignungsvorsatz vor, wenn der Täter bei der Wegnahme vorhat, die entwendete Sache zu vernichten?

Ja

17. Begründung?

Der Berechtigte wird auch bei Zerstörung der Sache aus seiner Position endgültig verdrängt.

18. Was ist in diesem Fall mit der Aneignungsabsicht?

Grundsätzlich fehlt es an der Aneignungsabsicht, wenn der Täter die Sache zerstören will.

19. Wann ist die Lage anders?

Wenn es dem Täter nicht um die Zerstörung der Sache geht, sondern er damit deren wirtschaftlichen Wert für sich oder einen Dritten ausnutzen will.

20. Wann lässt sich also nur von einer Vernichtung reden?	Wenn die Sache nicht in der üblichen Weise verwertet werden soll.
21. Ist die Zueignung an einen Dritten ausreichend ?	Ja, denn § 242 StGB verlangt nicht, dass der Täter die Sache sich selbst zueignet.
22. Wann eignet der Täter bei Weitergabe an Dritte dennoch sich selbst die Sache zu?	Wenn der Täter daraus selbst einen Vorteil erlangt.
23. Welche weitere objektive Voraussetzung wird hinsichtlich der beabsichtigten Zueignung gefordert?	Die angestrebte Zueignung muss objektiv rechtswidrig sein.
24. Wann fehlt es an der Rechtswidrigkeit der Zueignung?	Wenn der Täter einen fälligen und einredefreien Anspruch gerade auf Übereignung der weggenommenen Sache hat.
25. Welche Besonderheiten ergeben sich bei Geldschulden?	Hat der Täter einen Zahlungsanspruch gegen den Berechtigten, so wird im Ergebnis Diebstahl abgelehnt.
26. Wie gelangt man zu diesem Ergebnis?	Teilweise wird die Rechtswidrigkeit der Zueignung verneint, teilweise der entsprechende Vorsatz
27. Welche subjektiven Voraussetzungen sind bei der Rechtswidrigkeit der Zueignung erforderlich?	Vorsatz, wobei dolus eventualis genügt.
28. Was bedeutet das?	Der Täter muss die Merkmale kennen, die die geplante Zueignung rechtswidrig machen

Fall 8 (Der Autofan)

Der W ist ein großer Sportwagenfan. Er steigt in den Wagen des F, den dieser unverschlossen vor seinem Haus abgestellt hat, und fährt davon. Er hat in diesem Augenblick vor, mit dem Wagen eine schneidige Spritztour zu unternehmen, will das Fahrzeug aber anschließend wieder an den gleichen Ort zurückbringen. Nachdem er mehrere Stunden mit dem Fahrzeug herumgefahren ist, bekommt er Bedenken, ob es nicht zu gefährlich sei, das Fahrzeug an den Ort der Tat zurückzubringen. Er stellt den Wagen daher auf dem unübersichtlichen Werksgelände einer stillgelegten Fabrik in der Nachbarstadt ab; es ist ihm dabei egal, ob der F sein Fahrzeug bald zurückbekommt. Strafbarkeit des W aus § 242 StGB?

Lösungsvorschlag

Der W könnte sich gem. § 242 StGB strafbar gemacht haben, als er mit dem Fahrzeug des F losfuhr.

Der objektive Tatbestand und der Vorsatz sind gegeben. ist in der Klausur durchzuprüfen!)

Ferner müsste W Zueignungsabsicht gehabt haben. Diese setzt sich aus dem Willen zur dauernden Enteignung und der Absicht zumindest der vorübergehenden Aneignung zusammen. Entscheidend ist dabei der Zeitpunkt der Begehung des objektiven Tatbestandes, also der Augenblick der Wegnahme.

Zum Zeitpunkt der Wegnahme des Fahrzeug wollte der W den Wagen nur zu einer Spritztour benutzen. Er war also noch entschlossen, das Fahrzeug an den gleichen Ort zurückzubringen, von dem er es weggenommen hatte. Er besaß daher Rückführungswillen, der den Enteignungswillen ausschließt.

In diesem Zeitpunkt ist die Strafbarkeit des W nach § 248 b StGB gegeben. W hat das Fahrzeug unbefugt in Gebrauch genommen.

Der W könnte sich jedoch in dem Moment gem. § 242 StGB strafbar gemacht haben, als er das Fahrzeug des F auf dem Firmengelände in der Nachbarstadt stehen lässt.

Zwar handelt es sich nach wie vor um eine für W fremde bewegliche Sache, jedoch müsste er diese weggenommen haben. Dies ist aber schon beim Losfahren geschehen, so dass z.Zt. des Abstellens kein für W fremder, sondern eigener Gewahrsam bestand. Eine Wegnahme scheidet daher aus. W hat sich auch jetzt nicht gemäß § 242 StGB strafbar gemacht.

Der W könnte strafbar gem. § 246 StGB (Unterschlagung) sein.

Da § 246 StGB, anders als § 242 StGB, eine objektive Zueignung verlangt, bedarf es der Manifestation der Zueignung durch eine nach außen erkennbare Handlung. Dies erfordert die Enteignung des Berechtigten und die Aneignung durch den Täter. Die Enteignung des Berechtigten setzt voraus, dass diesem die Möglichkeit genommen wird, das Fahrzeug weiter zu nutzen. Dies ist dadurch gegeben, dass W das Fahrzeug an einem Ort abstellt, an dem es der F mit aller Wahrscheinlichkeit nicht finden wird.

Da durch das Abstellen des Fahrzeugs auf dem Werksgelände weder die Sache selbst noch der darin verkörperte Sachwert dem Vermögen des W zugeführt werden, ist dies nicht als Aneignung zu bewerten. Es liegt also keine Strafbarkeit gem. § 246 StGB vor.

Fall 9 (Der verliebte Auszubildende)

In der Firma des F sind in letzter Zeit vermehrt Diebstähle vorgekommen. Der F hat den Auszubildenden L in Verdacht. F plant mit seiner Sekretärin S, dem L eine Falle zu stellen. S weiß, dass der L großes Interesse an ihrer jüngeren Schwester X hat, die sie gelegentlich vom Büro abholt. Wie mit F besprochen, fragt S den L, ob er nicht Interesse habe, die X kennen zu lernen und mit ihr auszugehen; sie könne da sicher etwas machen, wenn er ihr im Gegenzug einen Laserdrucker aus der Firma besorge. L, der mit den bisherigen Diebstählen nichts zu tun hat, sagt in freudiger Erwartung auf das Rendezvous mit der X zu. Am nächsten Tag bleibt er nach Feierabend länger im Büro, trägt den Drucker zu seinem Auto und fährt ihn zu der S. Strafbarkeit des L aus § 242?

Lösungsvorschlag

Strafbarkeit des L

Der L könnte sich nach § 242 StGB wegen Diebstahls strafbar gemacht haben, als er den Drucker entwendete.
Der Drucker stellt eine fremde bewegliche Sache dar. (*in der Klausur zu prüfen!*)

Ferner müsste W den Drucker weggenommen haben. Wegnahme setzt zunächst den Bruch fremden Gewahrsams, hier des F, voraus. Ursprünglich bestand Gewahrsam des F am Drucker. Diesen hat der L auch aufgehoben, als er das Gerät aus der Firma trägt. Da er den Drucker jedoch gerade wegnehmen sollte, um als Dieb überführt werden zu können, geschieht dies nicht gegen den Willen des F. Es liegt also ein den Tatbestand ausschließendes Einverständnis vor. Mangels Bruchs fremden Gewahrsams entfällt daher die Wegnahme.

W könnte sich durch das Entwenden des Druckers aber gem. §§ 242, 22, 23 StGB des versuchten Diebstahls strafbar gemacht haben.

Der Tatentschluss bzgl. des objektiven Tatbestandes ist gegeben.
(In der Klausur auszuführen!)

Zweifelhaft ist aber, ob L mit der von § 242 StGB subjektiv erforderlichen Zueignungsabsicht gehandelt hat.

Eine auf Zueignung der Sachsubstanz gerichtete Absicht setzt voraus, dass der Täter die Sache selbst seinem eigenen Vermögen oder dem eines Dritten einverleiben will. Da der L den Drucker an die S weitergeben will, also die Sache selbst nicht seinem Vermögen zuführen will, liegt hier eine Zueignung der Sache an einen Dritten (sog. Drittzueignung) vor. Da S die wirtschaftlichen Vorteile aus dem Drucker erhalten soll, ist also Zueignungsabsicht gegeben. Die beabsichtigte Zueignung war rechtswidrig, was L auch bewusst war.

Da L den Drucker gerade wegnehmen wollte, ist auch der Anfang der Ausführung gegeben. Rechtswidrigkeit und Schuld liegen vor. L hat sich somit gem. §§ 242, 22, 23 StGB strafbar gemacht.

Strafbarkeit der S

Die S könnte sich wegen Anstiftung zum versuchten Diebstahl gem. §§ 242, 22, 26 StGB strafbar gemacht haben.

Dazu bedarf es einer vorsätzlichen rechtswidrigen Haupttat. Der versuchte Diebstahl des L ist eine solche taugliche Haupttat.

Eine Anstiftung setzt weiter voraus, dass der Täter auch die Vollendung der Haupttat will. Da die S vom Einverständnis des F wusste, war ihr bekannt, dass der L die Wegnahme gar nicht vollenden konnte. Folglich fehlt es an dem erforderlichen Vollendungsvorsatz.

Die S bleibt somit straflos.

Einwilligungs - und Irrtumsfragen

Besonders klausurrelevant im Rahmen des § 242 sind die Fragen der „Einwilligung" des Opfers und des Irrtums des Täters. Hierbei muss immer besonders sorgfältig herausgearbeitet werden, wozu das Opfer seine Zustimmung gibt bzw. worüber der Täter eigentlich irrt.

Gibt der Berechtigte seine Zustimmung zu den Handlungen des Täters, so kann darin ein **Übereignungsangebot** liegen, das - wenn die Übereignung zivilrechtlich wirksam erfolgt - die Fremdheit der Sache beseitigt. In diesen Fällen **fehlt objektiv das Merkmal** *„fremd"* und damit scheidet vollendeter Diebstahl aus. Da der Täter aber irrig annimmt, die Sache sei fremd, befindet er sich in einem **Irrtum zu seinen Ungunsten**, der **versuchsbegründend** wirkt. Folglich liegt an dieser Stelle zumindest versuchter Diebstahl vor.

Gibt der Berechtigte seine Zustimmung zu den Handlungen des Täters, so kann darin auch ein **Einverständnis in die Wegnahme**, das den Gewahrsamsbruch verhindert, liegen. Hier beseitigt das Einverständnis das **Merkmal** *„Bruch fremden Gewahrsams"*, damit fehlt es auch hier am objektiven Tatbestand des Diebstahls. Auch dieser Irrtum des Täters wirkt **versuchsbegründend;** versuchter Diebstahl ist also auch in diesem Fall gegeben.

> *Bsp.:* Der N hat sich eine neue Schubkarre gekauft. Da er noch nicht weiß, wohin er die alte Karre entsorgen soll, stellt er sie hinten in seinen Garten. Der Nachbar K, der davon nichts weiß, sieht diese Schubkarre im Garten des N stehen und nimmt sie an sich, um sie auf dem nächsten Trödelmarkt zu verkaufen. - Der K hat keinen Diebstahl begangen, da der N mit der Wegnahme einverstanden ist. Da dies aber dem K nicht bekannt ist und er die Karre wegnehmen will, liegt versuchter Diebstahl vor.

Schließlich kann das Opfer eine **Einwilligung in die Tat**, die der Rechtswidrigkeit der Zueignung entgegensteht, vorgenommen haben.

Aufgrund der Einwilligung fehlt hier die Rechtswidrigkeit der Zueignung und damit ein objektives Tatbestandsmerkmal, das der Täter irrig für gegeben hält. Es liegt auch in diesem Fall versuchter Diebstahl vor.

> **Beachten Sie:** Der Irrtum hier bezieht sich auf die **Rechtswidrigkeit der Zueignung**, also auf ein **objektives Tatbestandsmerkmal** und **n i c h t** auf die **Rechtswidrigkeit als allgemeines Verbrechensmerkmal** !

Im umgekehrten Fall, also wenn der Täter die Zustimmung des Opfers nicht kennt, diese aber irrig annimmt, lassen sich folgende Fälle unterscheiden:

1. Geht der Täter irrig vom Fehlen der Tatbestandsmerkmale *Fremdheit* oder *Wegnahme* aus, so fehlt ihm insoweit der Vorsatz, damit liegt kein Diebstahl (auch kein Versuch!) vor.

Bsp.: Der F will umziehen und hat dazu einige Möbel vor seinem Hause aufgestellt. Der N denkt, die Möbel seien für den Sperrmüll bestimmt und nimmt ein Möbelstück davon mit. - Geht der N davon aus, dass der Berechtigte das Eigentum aufgegeben hat, geht er von einer herrenlosen Sache aus. Folglich fehlt ihm der Vorsatz hinsichtlich der Fremdheit der Sache.

2. Wenn der Täter tatsächliche Umstände annimmt, durch die eine beabsichtigte Zueignung nicht rechtswidrig werden würde, fehlt ihm der Vorsatz bezüglich der Rechtswidrigkeit. Auch hier liegt weder vollendeter noch versuchter Diebstahl vor.

Bsp.: Der F will umziehen und hat dazu einige Möbel vor seinem Hause aufgestellt. Der N denkt, die Möbel seien für den Sperrmüll bestimmt und nimmt ein Möbelstück mit. - Geht der N davon aus, dass der Berechtigte mit der Wegnahme einverstanden ist, fehlt ihm der Wegnahmevorsatz; § 242 StGB scheidet aus.

Irrtum über die Rechtswidrigkeit

Beim Irrtum im Zusammenhang mit den Fragen der Rechtswidrigkeit ist zu differenzieren:

Geht der Täter zwar von einem fälligen Individualanspruch aus, **verwechselt** er aber den **Anspruchsgegenstand**, so nimmt er irrig bezüglich dieses Gegenstandes einen Ausschluss der Rechtswidrigkeit der Zueignung an. Daher liegt ein vorsatzausschließender Tatbestandsirrtum gem. § 16 StGB vor.

Bsp.: Der A hat beim Schreiner S einen Schrank anfertigen lassen, den er auch bereits bezahlt hat. S will ihm den Schrank aber nicht geben, da die beiden sich wegen anderer Dinge zerstritten haben. Am Abend will A noch einmal mit S reden, der aber nicht in seiner Werkstatt ist. Daraufhin nimmt der A den Schrank mit sich. Versehentlich erwischt er dabei aber nicht seinen Schrank, sondern den ähnlich aussehenden Schrank, den der S für X angefertigt hat. - Hier besteht ein fälliger Anspruch des A gegen den S auf Herausgabe des Schrankes, den der A bei seinem Besuch in der Werkstatt eigenmächtig durchsetzen will. Versehentlich trägt er einen anderen Schrank heraus. Er nimmt also falsche Tatsachen an, so dass sein Vorsatz gem. § 16 StGB entfällt.

Geht der Täter irrig davon aus, auf das Tatobjekt einen fälligen und einredefreien Anspruch zu haben, so nimmt er irrig bezüglich dieses Gegenstandes einen Ausschluss der Rechtswidrigkeit der Zueignung an. Daher liegt ein vorsatzausschließender Tatbestandsirrtum gem. § 16 StGB vor.

Bsp.: Der T glaubt, er habe einen fälligen Anspruch auf die Sache, da er den Kaufpreis bereits überwiesen hat. Tatsächlich ist aufgrund einer falschen Kontonummer auf dem Überweisungsträger das Geld noch nicht eingetroffen. - Wenn die Sache Zug-um-Zug gegen Zahlung des Kaufpreises zu übergeben ist, ist der Herausgabeanspruch auf die Sache mangels Zahlung noch nicht fällig. Da T aber glaubt, der Anspruch sei bereits fällig, entfällt sein Vorsatz bezüglich der Rechtswidrigkeit gem. § 16 StGB.

Glaubt dagegen der Täter, **Gattungsschulden** selbst eintreiben zu dürfen, geht er von der zutreffenden Sachlage - dem Bestehen eines Gattungsanspruchs - aus. Da der Täter daraus aber die falschen rechtlichen Folgerungen zieht, irrt er nicht über ein objektives Tatbestandsmerkmal. Es liegt daher kein Tatbestandsirrtum nach § 16 StGB, sondern ein **Verbotsirrtum** gem. § 17 StGB vor.

> **Bsp.:** Der A bestellt telefonisch beim Gemüsehändler B einen Sack Kartoffeln, die er auch per Überweisung bezahlt. Eine Woche später will er die Kartoffeln beim B abholen, der jedoch schon Feierabend gemacht hat. A geht in das offene Lager des B und nimmt dort einen Sack Kartoffeln aus dem Lagerbestand von 100 Säcken an sich. - Der A geht hier irrtümlich von einem Recht aus, die Kartoffeln, bei denen es sich um eine Gattungsschuld handelt, selbst aussondern zu dürfen. Dieses Recht steht ihm jedoch nicht zu. Sein Irrtum ist lediglich als Verbotsirrtum zu bewerten.

Geht bei **Geldschulden** der Täter davon aus, sich selbst befriedigen zu können, so soll trotz der Einordnung der Geldschuld als Gattungsschuld ein **Tatbestandsirrtum** nach § 16 StGB vorliegen.

> **Bsp.:** Der A schuldet dem B seit geraumer Zeit Geld. Eines Tages sieht der A den B auf dem Trödelmarkt. Der B hat dort einen Stand, an dem er ordentlich Geld einnimmt. In einem unbeobachteten Augenblick greift der A in die Kasse des B und nimmt den geschuldeten Betrag heraus. Dabei glaubt er, zu dieser Handlung berechtigt zu sein. - Ein Recht des A, selbst eine Art Zwangsvollstreckung durchführen zu dürfen, besteht nicht. Er glaubt aber, dazu befugt zu sein. Dieser Irrtum soll gem. § 16 StGB den Vorsatz ausschließen.

Wiederholungsfragen zum 1. Kapitel, 4. Teil

1. Welche Möglichkeiten gibt es bei § 242 StGB, eine „Zustimmung" des Täters rechtlich einzustufen?

Die Zustimmung des Täters kann sein: ein Übereignungsangebot; ein tatbestandsausschließendes Einverständnis in die Wegnahme; eine Einwilligung in die Tat, aufgrund der die Rechtswidrigkeit der Zueignung entfällt.

2. Welcher Irrtum liegt vor, wenn der Täter bei fälligem Individualanspruch von falschen Tatsachen ausgeht?

Es liegt ein vorsatzausschließender Tatbestandsirrtum gem. § 16 StGB vor.

3. Welcher Irrtum liegt vor, wenn der Täter davon ausgeht, einen fälligen Individualanspruch zu haben?

Es liegt ebenfalls ein vorsatzausschließender Tatbestandsirrtum gem. § 16 StGB vor.

4. Wie ist die Situation, wenn der Täter glaubt, Gattungsschulden selbst eintreiben zu dürfen?

Hier geht der Täter dagegen von zutreffenden Tatsachen, die das Bestehen eines Gattungsanspruchs begründen, aus, beurteilt nur dessen rechtliche Durchsetzbarkeit falsch. Es liegt Verbotsirrtum gem. § 17 StGB vor.

5. Welche Besonderheiten gibt es bei Geldschulden?

Der Irrtum des Täters, Geldschulden eigenmächtig eintreiben zu dürfen, ist gem. § 16 StGB zu behandeln.

2. KAPITEL

Sonderfälle des Diebstahls

Besonders schwerer Fall des Diebstahls § 243 StGB

Bei § 243 StGB handelt es sich **nicht um eine tatbestandliche Qualifikation**, sondern um eine **Strafzumessungsregel** mit Regelbeispielen. § 243 StGB in der aktuellen Fassung enthält keine abschließende Aufzählung der Erschwerungsgründe. Ein besonders schwerer Fall des Diebstahls ist nicht nur dann anzunehmen, wenn ein schwerer Umstand iSd § 243 I 2 Nr. 1 – 7 verwirklicht wurde.

Für die Voraussetzungen dieser Regelbeispiele gilt aber auch § 16 StGB, d.h. der Täter muss auch diese Voraussetzungen in seinem Vorsatz mit aufgenommen haben. Liegen die Voraussetzungen eines Regelbeispiels vor, so besteht eine - widerlegbare - **Vermutung** dafür, dass ein besonders schwerer Fall gegeben ist.

Einen gesetzlich geregelten Fall für eine solche Widerlegung enthält § 243 Abs.2 StGB, wenn sich die Tat auf eine geringwertige Sache bezieht. Auch wenn ein Regelbeispiel nicht vorliegt, kann umgekehrt aus den besonderen Umständen der Tat dennoch ein besonders schwerer Fall bejaht werden.

§ 243 Abs. I Nr. 1 StGB (Einbruchs-, Einsteige-, Nachschlüssel- und Verweildiebstahl)

Voraussetzungen des § 243 Abs.1 Nr.1

> 1. **Einbrechen oder**
>   **Einsteigen oder**
>   **Eindringen mit einem falschen Schlüssel etc.**
> 2. **in einen umschlossenen Raum**, *der keine Wohnung ist*
> 3. **zur Ausführung der Tat**

Der **Raum** ist der Oberbegriff für

> **alle Räumlichkeiten, die zum Betreten von Menschen bestimmt sind und mit mindestens teilweise künstlichen Vorrichtungen zur Abwehr des Eindringens versehen sind.**

Umschlossen ist ein Raum dann, wenn nicht jedermann frei und ungehindert Zutritt hat und es nicht offensichtlich an einem Ausschlusswillen des Berechtigten fehlt.

Wohnungen sind zwar auch Gebäude, unterfallen aber jetzt der Vorschrift des § 244 Abs. 1 Nr. 3 StGB. Hierzu gehören beispielsweise mittels eines Zauns oder einer Mauer umgebene Höfe, Gärten und Plätze sowie Friedhöfe zur Nachtzeit.

Unter **Einbrechen** versteht man

> **ein gewaltsames Öffnen der Umschließung von außen.**

Dabei braucht die Umschließung nicht in ihrer Substanz verletzt zu werden. Jedoch wird eine Kraftentwicklung nicht unerheblicher Art vorausgesetzt. Eine Kraftentfaltung liegt nicht vor beim Hochheben eines beweglichen Zaunes, beim Entriegeln eines auf Kipp stehenden Fensters.

Beim **Eindringen** muss

> **der Täter ohne den Willen des Berechtigten einen Körperteil in den Raum verbringen.**

Ein Betreten des Raumes durch den Täter ist nicht erforderlich; es reicht jedoch nicht aus, mit der Hand durch eine Tür- oder Fensteröffnung zu greifen, um die Verregelung von innen zu öffnen.

Bsp.: Der Verkäufer V lässt sich nach Geschäftsschluss in den Verkaufsräumen einschließen, um ungestört Sachen stehlen zu können. Er bleibt in seinem Verkaufsbereich stehen und „lässt sich von seinen Kollegen übersehen". Dieses Verhalten reicht nicht aus! Ausreichend wäre hingegen, dass er sich in einer Umkleidekabine verbirgt. Auf diese Weise wird deutlich, dass seine Anwesenheit zu diesem Zeitpunkt nicht mehr berechtigt ist.

Einsteigen setzt voraus, dass

> **der Täter in den Raum unter Überwindung von Hindernissen auf außergewöhnliche Weise eindringt**

Dazu reicht es auch hier aus, dass er mit einem Teil seines Körpers in den Raum gelangt, erforderlich ist zumindest ein Stützpunkt innerhalb des Raumes Das bloße Hereingreifen und Herausholen von Sachen oder auch Hineinbeugen mit dem Oberkörper genügt für diese Alternative nicht.

Falsch ist jeder **Schlüssel**,

> **den der Berechtigte überhaupt nicht, nicht mehr oder noch nicht zur Öffnung des bestimmten Schlosses bestimmt hat.**

Bsp.: Der Einbrecher E führt bei seinen Diebeszügen einen großen Bund mit Schlüsseln mit sich, die er sich auf dem Trödelmarkt besorgt hat. Er probiert diese Schlüssel solange an der Türe des Opfers aus, bis einer passt. - Die vom E verwendeten Schlüssel sind sämtlich falsch, da sie vom Berechtigten nicht zum Öffnen des Türschlosses bestimmt waren.

Schlüssel sind auch mechanische oder elektronische Kunststoffkartenschlüssel, die z.B. in Hotels als Zimmerschlüssel dienen.

Auch Schlüssel, die einmal zur ordnungsgemäßen Öffnung gedient haben, können falsch werden. Das ist dann der Fall, wenn der Berechtigte dem Schlüssel die Funktion als ordnungsgemäßes Öffnungswerkzeug durch nach außen in Erscheinung getretene Umstände entzieht (sog. **Entwidmung**).

> **Bsp.:** *A hat M ein Büro vermietet und ihm dabei auch zwei Büroschlüssel übergeben. Als M den Mietvertrag kündigt und das Büro verlässt, gibt er nur einen Schlüssel zurück. A vermietet das Büro weiter an X. Als dieser abends zu Hause ist, dringt M mit Hilfe des behaltenen Schlüssels in das Büro des X ein und stiehlt dessen Geld. – A hat dem Schlüssel, den M behalten hat, nicht ausdrücklich und für M erkennbar die Funktion als ordnungsgemäßes Öffnungswerkzeug entzogen. Es ist jedoch nicht erforderlich, dass diese Willensäußerung für den Täter erkennbar geworden ist. Eine solche Willensäußerung kann auch konkludent erfolgen. Indem A dem neuen Mieter X das Büro übergibt, macht er deutlich, dass die Berechtigung des M beendet ist und ein evtl. bei M verbliebener Schlüssel nicht mehr als ordnungsgemäßes Öffnungswerkzeug anzusehen ist. M verwirklicht also § 243 Abs.1 Nr.1 StGB (vgl. BGHSt 21, 189, Sch-Sch-Eser, § 243 Rdnr. 14).*

Der **verlorene Schlüssel** wird dann zum **falschen Schlüssel**, wenn der Berechtigte nach Kenntnis des Verlustes einen neuen Schlüssel in Gebrauch nimmt.

> **Bsp.:** *Die alte Dame D ist etwas unordentlich und verlegt immer wieder den Schlüssel zu ihrem Laden. Daher hat sie sich mehrere Schlüssel angeschafft, um immer wenigstens einen der Schlüssel zur Hand zu haben. Die Schlüssel hat sie mit bunten Markierungen versehen. Eines Tages findet der Student S, der für D gelegentlich Botendienste macht, den rot markierten Schlüssel. Einige Tage später vermisst die D den roten Schlüssel und lässt einen neuen Schlüssel anfertigen. Nach Geschäftsschluss dringt nun S mit dem Schlüssel in den Laden ein. – Da der Schlüssel bereits von der D vermisst worden war und sie auch bereits einen Nachschlüssel hatte anfertigen lassen, liegt die Entwidmung dieses verlorenen Schlüssels vor. Daher hat der S § 243 Abs. 1 Nr. 1 StGB verwirklicht.*

> **Gegenbsp.:** *Wie im vorstehenden Beispiel, aber eines Tages findet N den grün markierten Schlüssel, den D noch nicht vermisst hat, und nimmt ihn an sich. Nach Geschäftsschluss dringt N mit dem Schlüssel in den Laden ein. - Der Verlust des von N gefundenen grün markierten Schlüssels war noch nicht entdeckt worden. Also scheidet § 243 StGB aus.*

Der **gestohlene Schlüssel** wird **falsch,** wenn der Berechtigte den Diebstahl bemerkt; hierin wird ohne weiteres eine **stillschweigende Entwidmung** gesehen. Glaubt er dagegen, der Schlüssel sei nur verlegt, so liegt darin noch keine Entwidmung.

Zweitschlüssel sind **falsch,** wenn der Berechtigte von ihrer Existenz nichts weiß.

Die im Gesetz beschriebenen Tathandlungen müssen **der Ausführung des Diebstahls dienen,** liegen also nicht vor, wenn der Täter aus einem anderen Grund in ein Gebäude eindringt und sich erst dort zum Diebstahl entschließt.

> **Bsp.:** *Landstreicher S dringt in ein Bürogebäude ein, um dort zu schlafen. Am nächsten Morgen sieht er eine wertvolle Uhr, die er entwendet. - S hat einen einfachen Diebstahl gem. § 242 StGB verwirklicht. Das Eindringen in das Haus geschah nicht zum Zwecke des Diebstahls, denn den Diebstahlsvorsatz fasste S erst, als er sich bereits im Haus befand.*

Dem Schlüssel gleichgestellt sind Werkzeuge, die vom Täter so eingesetzt werden, dass der Mechanismus des Verschlusses ordnungswidrig in Gang gesetzt wird (z.B. ein Dietrich, ein Haken).

§ 243 Abs. I Nr. 2 StGB
(Diebstahl von besonders gesicherten Sachen)

Voraussetzungen des § 243 Abs.1 Nr.2

> **Diebstahlsobjekt besonders gesichert**
> durch
> **verschlossenes Behältnis bzw. Schutzvorrichtung**

Schutzvorrichtung ist der **Oberbegriff**, das **verschlossene Behältnis** nur ein **Beispiel**. **Schutzvorrichtungen** sind

> **von Menschenhand geschaffene Einrichtungen, die ihrer Art nach geeignet und dazu bestimmt sind, die Wegnahme einer Sache erheblich zu erschweren**

Bsp.: *Alarmanlagen, Lenkradschlösser, Fahrradschlösser, Wegfahrsperren, Sicherungsketten.*

Behältnis ist

> **jedes Raumgebilde, das zur Aufnahme und Umschließung von Sachen, nicht aber zum Betreten von Menschen bestimmt ist**

Das Behältnis kann unbeweglich oder beweglich sein. Ein Behältnis ist **verschlossen**, wenn sein Inhalt durch ein Schloss, eine andere technische oder elektronische Vorrichtung zum Schließen oder auf andere Art und Weise gegen ordnungswidrige Zugriffe gesichert ist.

Bsp.: Behältnisse sind z.B. Koffer, Truhen, Kassetten, Kisten, Schränke, Tresor, Schaukästen, Briefkästen, Container, der Kofferraum eines PKW, der Laderaum eines Lkw und ein Warenautomat.

Das Regelbeispiel ist nicht erfüllt, wenn die Schutzvorrichtung erst nach Vollendung der Wegnahme wirksam wird. Probleme bereiten insoweit daher elektronische Sicherungsetiketten in Geschäften. Denkbar wäre, das Sicherungsetikett als Schutzvorrichtung iSd § 243 Abs. 1 Nr. 2 StGB anzusehen. Zwar soll das Sicherungsetikett Diebstähle verhindern, da es aber erst beim Verlassen des Kaufhauses den Alarm auslöst, die Wegnahme aber regelmäßig schon vorher eingetreten ist, dient der Alarm nicht mehr der Gewahrsamserhaltung, sondern erst der „erleichterten" Wiedergewinnung von Gewahrsam durch das Kaufhauspersonal. Ein Fall der Nr.2 wird daher überwiegend abgelehnt.

Vgl. OLG Stuttgart, NStZ 1985, 76, OLG Frankfurt MDR 1993, 671, Seier JA 1985, 387, OLG Düsseldorf NJW 1998, 1002.

Denkbar ist es aber, einen dem Regelfall gleichkommenden besonders schweren Fall des § 243 StGB anzunehmen. (Vgl. Fischer § 243, Rdnr. 23)

Erreicht ein Täter durch den Einsatz manipulierter Münzen, dass ein Geldspielautomat Münzen zu Unrecht ausgibt, so erfüllt dies nicht die Voraussetzungen des § 243 Abs. 1 Nr. 2 StGB. Allein der Umstand, dass sich die Spielmünzen in geschlossenen Behältnissen befanden, reicht für die Annahme von Diebstählen in besonders schweren Fällen nicht aus. Die Ummantelung der Automaten dient neben der Aufnahme von Automatenmechanismus und -elektronik zwar auch der Aufnahme und dem Schutz des Geldes vor Wegnahme, jedoch nicht vor Wegnahme schlechthin, sondern vor unbefugter Wegnahme. Das Behältnis und die darin bestehende Sicherung hat der Täter jedoch nicht überwunden, sondern umgangen. Er hat die Münzen - wenn auch unbefugt - an sich genommen, nachdem sie der Automat durch die dafür vorgesehene Öffnung ausgeworfen hatte. Nur wenn bei dieser Entnahme besondere Schutzvorrichtungen gegen die Entwendung der Marken ausgeschaltet werden, sind die Voraussetzungen des § 243 Abs. 1 Nr. 2 StGB erfüllt gewesen.
(OLG Düsseldorf NJW 99,3208, Otto JZ 85,24)

§ 243 Abs. I Nr. 3 StGB (gewerbsmäßiger Diebstahl)

Gewerbsmäßig handelt,

> **wem es darauf ankommt, sich aus wiederholter Begehung eine Haupt- oder Nebeneinnahmequelle von einiger Dauer und einigem Umfang zu schaffen.**

Erforderlich ist, dass der Täter sich nicht nur eine vorübergehende Einnahmequelle schaffen möchte. Der Täter darf sich nicht nur in der Vergangenheit eine Einnahmequelle verschafft haben, sondern er muss darüber hinaus die Absicht haben, auch demnächst wieder zu stehlen.

§ 243 Abs. I Nr. 4 StGB (Kirchendiebstahl)

Dieses Regelbeispiel umfasst nur die **unmittelbar der Religionsausübung dienenden Gegenstände.**
Bsp.: Kelche, Kreuze Reliquien; nicht aber Inventar wie Stühle, Bänke.

§ 243 Abs. I Nr. 5 StGB (Diebstahl öffentlicher Sachen)

Das Merkmal „**Bedeutung für**" scheidet alle Sachen aus, deren Verlust für den jeweils betroffenen Bereich keine empfindliche Einbuße bedeutet.

> **Bsp.:** Der Student S entwendet aus der Universitätsbücherei ein medizinisches Fachbuch, von dem dort insgesamt 5 Exemplare vorhanden sind. - Bei dem Buch handelt es sich zwar um ein wissenschaftliches Werk in einer allgemein zugänglichen Sammlung. Das einzelne Exemplar ist aber nicht von Bedeutung für die Wissenschaft, da es dieses Buch noch in zahlreichen anderen Exemplaren gibt.

Allgemein zugänglich ist eine Sammlung auch, wenn Eintritt bezahlt werden muss.

§ 243 Abs. I Nr. 6 StGB (Ausnutzung von Hilflosigkeit oder Unglücksfällen)

Hilflosigkeit liegt vor, wenn jemand sich aus eigener Kraft nicht gegen die dem Rechtsgut konkret drohenden Gefahren schützen kann. Bei **Unglücksfällen** wird nicht nur das Opfer, sondern alle am jeweiligen Geschehen Beteiligten z.b. Helfer geschützt.

> **Bsp.:** Die Seniorin S ist abends auf dem Weg zur Weihnachtsfeier ihrer Enkelkinder. Aufgrund der schlechten Wegstrecke stürzt sie schwer und kann sich nicht aufrichten Der hinzukommende Radfahrer R sammelt die verstreuten Geschenke sowie die Geldbörse auf, steckt sie in seine Fahrradtasche und fährt davon.

Die Ausschlussklausel des § 243 Abs. II StGB (Geringwertigkeit)

Die Anwendung des § 243 StGB ist zwingend ausgeschlossen, wenn der Gegenstand der Tat **objektiv** und **subjektiv** eine **geringwertige Sache** ist. Dabei ist auf den **Verkehrswert der Sache** abzustellen, d.h. den Verkaufswert zur Tatzeit. Der BGH hat den Richtern zur Bemessung der Geringwertigkeit bis dato keine Wertgrenze vorgegeben, sondern Ermessen eingeräumt. Jedoch dürfte Geringwertigkeit vorliegen, wenn der Verlust noch als unerheblich betrachtet wird, wobei die Grenze von 25 € angemessen sein dürfte und der Oberwert von € 50 nicht überschritten sein darf (vgl. OLG Oldenburg NStZ-RR 05, 111). Bei mehreren Tatbeteiligten und einer natürlichen Handlungseinheit kommt es bei der Bewertung auf die Gesamtmenge und den Gesamtwert der Diebesbeute an (BGH NJW 64, 117; 69, 2210).

Hat das Tatobjekt **keinen Verkehrswert**, so greift § 243 II StGB **nicht** ein.

> **Bsp.:** Der Z bricht ins Gerichtsgebäude ein, um Akten zu stehlen. - Akten haben keinen Verkehrswert, so dass die Ausschlussregelung des § 243 II StGB nicht eingreift.
>
> Ebenso entwendete Firmenbögen mit Firmenstempel, auch wenn mit ihrer Hilfe durch Kreditbetrug gegenüber einer Bank ein hoher Gewinn zu erzielen ist.
>
> **Weitere Beispiele:** Personalausweis, Scheckformulare zur Fälschung.

Es liegt laut BGH ebenfalls im Rahmen des Ermessens der Tatrichter, ob darüber hinaus auch persönliche Verhältnisse des Geschädigten (wirtschaftliche Verhältnisse, persönlicher Wert / Liebhaberwert) berücksichtigt werden können oder müssen. Wurde der Geschädigte durch den Verlust der Sache „fühlbar" geschädigt und hat der Täter dies zum Zeitpunkt der Tat billigend in Kauf genommen, sollte kein Bagatellfall angenommen werden.

Vgl. BGH GA 1957, 17,19; Fischer § 248 a Rn 3, Wessels/Hillenkamp BT/2 Rn 252 ; a.A. Sch/Sch-Eser, § 248 a Rn 7.

Folgende Irrtümer beim Tätervorsatz bezüglich der Geringwertigkeit der Sache:

> Der Täter hält eine tatsächlich hochwertige Sache für geringwertig.
> Der Täter hält eine tatsächlich geringwertige Sache für hochwertig.

Die Ausschlussklausel greift nur, wenn die Sache tatsächlich geringwertig ist und sich auch der Vorsatz entsprechend auf die Erlangung einer geringwertigen Sache bezieht. Wenn eines dieser beiden Bestandteile nicht gegeben ist, liegt ein besonders schwerer Fall des Diebstahls vor.

Problematisch sind auch die Fallgestaltungen, in denen der Täter seinen Vorsatz während der Ausführung der Tatbegehung ändert. Folgende Konstellationen können auftreten:

> Der Täter wollte zuerst einen geringwertigen Gegenstand wegnehmen, ergreift aber dann einen hochwertigen.
> Der Täter wollte zuerst einen hochwertigen Gegenstand wegnehmen, ergreift aber dann einen geringwertigen.
> Der Täter gibt seinen ursprünglichen Diebstahlsvorsatz endgültig auf und fasst einen neuen, vom ersten unabhängigen Vorsatz.

Bsp.: *A bricht in ein Haus ein, um ein kleines wertvolles Gemälde des Malers Paul Klee im Wert von 250 € zu stehlen. Als er dieses Gemälde vorfindet, gefällt es ihm nicht und er nimmt stattdessen das daneben hängende große Gemälde von Klee im Wert von 5.000 € mit. - A ist mit einem Diebstahlsvorsatz in das Haus eingebrochen und hat seinen Vorsatz sogar erweitert (Vorsatzerweiterung). Daher ist er wegen Diebstahls in einem besonders schweren Fall strafbar.*

Zum umgekehrten Fall:

Bsp.: *A nimmt anstelle des geplanten Gemäldes im Wert von 5.000 € das kleine seiner Ansicht nach schönere Bild im Wert von 250 € mit. - Zum Zeitpunkt, in dem A das Regelbeispiel verwirklicht hat, bezog sich sein Vorsatz auf das hochwertige Bild. Aufgrund des durchgängigen Geschehensablaufs kann sich die „Vorsatzverengung" nicht zugunsten des A auswirken. Auch in diesem Fall ist A wegen Diebstahls in einem besonders schweren Fall strafbar.*

Zur dritten Fallgruppe:

Bsp.: A bricht ein, um das wertvolle Gemälde von Paul Klee wegzunehmen. Als er davor steht, findet er das Bild an dieser Stelle so hervorragend platziert, dass er von seinem Plan Abstand nimmt. Auf seinem Weg zum Verlassen des Hauses stößt er auf einen Bildband der Fußballweltmeisterschaft (Wert 20 €). Als eingeschworener Fußballfan kann er das Buch einfach nicht liegen lassen und nimmt es mit. –

A ist von dem Versuch eines Diebstahls in einem besonders schweren Fall wirksam zurückgetreten. Denn der Rücktritt erfolgte freiwillig, die Tat war noch nicht vollendet und er hatte seinen ursprünglichen Tatvorsatz endgültig aufgegeben. Aufgrund dessen lag auch kein einheitliches Tatgeschehen mehr vor. Erst nach diesem zeitlichen Einschnitt hat er einen neuen Entschluss gefasst, der sich auf das Buch bezog. Es handelt sich also in der Bewertung um zwei Taten, die unabhängig voneinander gewürdigt werden müssen. Von der ersten Tat, dem Diebstahl, ist A strafbefreiend zurückgetreten. Er ist jedoch wegen Hausfriedensbruchs und evtl. Sachbeschädigung strafbar. Darüber hinaus ist A wegen Diebstahls des Bildbandes und Hausfriedensbruch strafbar. Da A nicht „zur Ausführung dieser Tat" eingestiegen ist, wird § 123 StGB nicht konsumiert und § 243 II kommt nicht zur Anwendung.

Das Problem des „Versuchs" bei § 243 StGB

§ 243 StGB enthält Regelbeispiele zur Strafzumessung, keine Tatbestandsmerkmale. Probleme treten auf, wenn die Tat nicht vollendet wird.

Bleibt der **Diebstahl (Grundtatbestand) im Stadium des Versuchs stecken**, wird aber dabei bereits das **Regelbeispiel verwirklicht**, dann wird bereits der versuchte Diebstahl als besonders schwerer Fall behandelt (§§ 242, 243, 22).

Bsp.: Der A bricht in das Büro des X ein, um dort Wertgegenstände zu stehlen. Nachdem er sich bereits im Büro befindet, hört er Geräusche und ergreift die Flucht, ohne Beute zu machen. - Hier kommt es lediglich zum versuchten Diebstahl, da der A noch keine Sache weggenommen hat. Er hat aber bereits die straferhöhenden Umstände des Regelbeispiels nach § 243 Abs.1 Nr.1 StGB – Einbrechen - verwirklicht, so dass dieser versuchte Diebstahl als besonders schwerer Fall behandelt wird.

Ist der **Diebstahl (Grundtatbestand) vollendet**, das **Regelbeispiel nur versucht,** geht man überwiegend davon aus, dass idR nur eine Strafbarkeit aus § 242 StGB in Betracht kommt. Vgl. Lackner/Kühl § 46, Rdnr. 14 ff.

Bsp.: Der A will in das Büro des X einbrechen, um dort Wertgegenstände zu stehlen. Er stellt fest, dass das Fenster offen steht und kommt so ins Büro. Dort entwendet er Bargeld. - Hier ist der Diebstahl vollendet, aber das Regelbeispiel „Einbrechen" nur versucht worden. Nach h.M. liegt kein § 243 StGB vor. Es kommt nur eine Strafbarkeit aus § 242 StGB in Betracht.

Sind Regelbeispiel und **Diebstahl nur versucht**, geht man auch bei einem auf das Regelbeispiel gerichteten Vorsatz nur von einer Strafbarkeit nach §§ 242, 22 StGB aus.

Subjektiv müssen die Merkmale des Regelbeispiels von einem entsprechenden Vorsatz umfasst sein. Fehlt dieser, ist kein Fall des § 243 StGB gegeben.

48

1. Welche Funktion hat § 243 StGB? — Er enthält eine Strafzumessungsregel.

2. Sind die Aufzählungen in § 243 Abs. 1 StGB abschließend? — Nein, es handelt sich um Regelbeispiele.

3. Was ist daher auch möglich? — Aus den besonderen Umständen der Tat dennoch einen besonders schweren Fall anzunehmen

4. Welche subjektiven Voraussetzungen hat § 243 StGB? — Der Täter muss alle Umstände, die den schweren Fall begründen, in seinen Vorsatz aufnehmen.

5. Lage, falls ihm die Kenntnis der Tatumstände des Regelbeispiels fehlt? — Ihm fehlt der Vorsatz; das Regelbeispiel liegt nicht vor.

6. Was ist ein falscher Schlüssel? — Falsch ist jeder Schlüssel, den der Berechtigte überhaupt nicht, nicht mehr oder noch nicht zur Öffnung des bestimmten Schlosses bestimmt hat.

7. Wann ist der vom Berechtigten verlorene Schlüssel falsch? — Wenn der Berechtigte nach Kenntnis des Verlustes neue Schlüssel in Gebrauch nimmt.

8. Wann ist der gestohlene Schlüssel falsch? — Wenn der Berechtigte den Diebstahl bemerkt.

9. Erfüllt die Wegnahme eines Gegenstandes im Kaufhaus, der mit einem elektronischen Sicherungsetikett versehen ist, die Voraussetzungen des § 243 StGB? Begründung? — Nein. Das Regelbeispiel liegt nur vor, wenn eine Schutzvorrichtung die Wegnahme - also den Gewahrsamsbruch - verhindert. Das elektronische Etikett schlägt aber erst Alarm nach Vollendung der Wegnahme, nämlich am Ausgang des Kaufhauses.

10. Wann ist ein Versuch des besonders schweren Diebstahls möglich? — Wenn der Diebstahl lediglich versucht, dabei aber schon ein Regelbeispiel des § 243 StGB erfüllt worden ist.

11. Wann ist ein Versuch des besonders schweren Diebstahls nicht möglich? — Wenn der Diebstahl vollendet wird, das Regelbeispiel aber nur gewollt, nicht vollendet ist.

Fall 10 (Die verpfändete Uhr)

Der B, der in einer Arbeitsbaracke mit mehreren Arbeitskollegen zusammen wohnt, braucht dringend Geld. Der Arbeitskollege A verwahrt in seinem verschlossenen Spind eine Taschenuhr, ein wertvolles Erbstück seines Vaters. Während A für mehrere Wochen im Urlaub ist, angelt der B mit einem Draht, den er zurechtgebogen hat, durch einen oben in der Türe des Spindes befindlichen Spalt die Uhr heraus und versetzt sie im Pfandhaus für 50 EUR. Strafbarkeit des A?

Lösungsvorschlag

Der B könnte sich gem. §§ 242, 243 Abs.1 Nr.2 StGB strafbar gemacht haben, indem er die Uhr aus dem Spind herausangelte.

Die im Eigentum des A stehende Uhr war für B eine fremde bewegliche Sache. Die tatsächliche Herrschaft und damit Gewahrsam über die im Spind befindlichen Sachen hat grundsätzlich zunächst der Inhaber des Spindschlüssels, also hier der A.

Fraglich ist, ob sich dies während seiner mehrwöchigen Urlaubsabwesenheit ändert. Auch während seines Urlaubes will der A weiterhin die Sachherrschaft über seine im Spind befindlichen Gegenstände ausüben. Die urlaubsbedingte räumliche Trennung von der Sache liegt auch im sozial üblichen Rahmen. Ferner kann der A auch ohne Schwierigkeiten die Sachherrschaft nach einer gewissen Zeit wieder ausüben. Schließlich ist anerkannt, dass bei einer lediglich vorübergehenden Verhinderung in der Ausübung der tatsächlichen Sachherrschaft auf Grund räumlicher Entfernung der Gewahrsam nicht erlischt. Folglich bestand der Gewahrsam des A auch während seines Urlaubs fort.

Diesen Gewahrsam müsste B gebrochen, also ohne den Willen des A aufgehoben und neuen Gewahrsam begründet haben. Als B mit Hilfe des Drahtes die Taschenuhr aus dem verschlossenen Spind des A „herausgeangelt" hat und an sich nahm, hat er den an der Uhr bestehenden Gewahrsam aufgehoben und neuen, eigenen Gewahrsam begründet. Da dies auch nicht mit Willen des A geschah, liegt ein Bruch des Gewahrsams vor. Der objektive Tatbestand des Diebstahls ist damit erfüllt.

Da A die Umstände bekannt waren, die den objektiven Tatbestand erfüllen, handelte er auch vorsätzlich.

Weiterhin müsste B im Zeitpunkt der Wegnahme die Absicht gehabt haben, sich die Taschenuhr rechtswidrig zuzueignen.

Zueignungsabsicht setzt zunächst Vorsatz bezüglich dauernder Enteignung voraus. Es genügt insoweit Eventualvorsatz. Da der A die Uhr nicht verkaufte, sondern lediglich verpfändet hat, ist dies hier fraglich. Bei einer Verpfändung nimmt der Pfandleiher die Uhr als Sicherheit und gewährt dem Pfandgeber ein Darlehen in Geld. Zahlt der Pfandgeber das Darlehen zurück, erhält er auch sein Pfand zurück. Lediglich dann, wenn das Darlehen nicht innerhalb der vereinbarten Zeit zurückgezahlt wird, hat der Pfandleiher das Recht, den Gegenstand zu verwerten.

Vorsatz des B wäre also zu verneinen, wenn davon ausgegangen werden könnte, dass er von vornherein vorhatte, die Uhr lediglich vorübergehend zu verpfänden und nach rechtzeitiger Einlösung dem A wieder zurückzugeben. In diesem Fall würde der Wille nicht auf eine dauernde Entziehung der Sache oder des in ihr verkörperten wirtschaftlichen Wertes gerichtet sein. Er wäre vielmehr lediglich auf vorübergehenden Gebrauch als Pfandobjekt gerichtet gewesen. Es handelte sich also nur um eine straflose Gebrauchsanmaßung.

Für einen solchen Willen des B, die Uhr rechtzeitig wieder einzulösen, lassen sich aus dem Fall aber keine Anhaltspunkte entnehmen. Folglich ist eher davon auszugehen, dass B die dauernde Enteignung zumindest billigend in Kauf nahm, also insoweit vorsätzlich handelte. Außerdem wollte er sich den Sachwert der Uhr einverleiben, sich diese damit also aneignen. Da es ihm darum ging, liegt die dafür erforderliche Absicht vor. B hat sich die Uhr also zugeeignet.

Da auf die Uhr auch kein Anspruch bestand, war die beabsichtigte Zueignung auch rechtswidrig.

B handelte auch rechtswidrig und schuldhaft. Er hat sich gem. § 242 StGB strafbar gemacht.

Der Diebstahl könnte sich als ein den Strafrahmen des § 243 StGB auslösender besonders schwerer Fall darstellen. In Betracht kommt ein Regelbeispiel nach § 243 Abs.1 Nr.2 StGB. Dann müsste es sich bei dem Spind um ein verschlossenes Behältnis handeln. Das ist jedes Raumgebilde, das zur Aufnahme und Umschließung von Sachen, nicht aber zum Betreten von Menschen bestimmt ist. Der Spind dient der Verwahrung und Sicherung von Sachen, erfüllt also die Voraussetzungen eines verschlossenen Behältnisses. Da der Spind verschlossen war, war die Uhr auch besonders gesichert.

Fraglich ist aber, ob einer Anwendung der Nr.2 hier entgegensteht, dass B lediglich die Uhr durch den offenen Spalt heraus angelt. Schutzgut des § 243 Abs.1 Nr.2 StGB ist nicht die Unversehrtheit der Schutzvorrichtung, sondern die besonders gesicherte Gewahrsamssphäre. Ausreichend ist also, dass der B die Gewahrsamssicherung überwindet und dadurch eine verstärkte kriminelle Energie an den Tag legt. Es ist daher bei der Verwirklichung dieses Regelbeispiels nicht erforderlich, dass der Täter die besondere Schutzvorrichtung beseitigt oder durchbricht. Folglich hat B sich also nach §§ 242, 243 Abs.1 Nr.2 StGB strafbar gemacht.

Diebstahl mit Waffen, Banden- und Wohnungseinbruchsdiebstahl § 244 StGB

Im Gegensatz zu § 243 StGB ist § 244 StGB ein qualifizierter Tatbestand und somit eine unselbständige Abwandlung zum Grunddelikt Diebstahl. Der § 244 enthält drei verschiedene Varianten.

Der Wohnungseinbruchsdiebstahl ist als Qualifikationstatbestand hinzugekommen. Ursprünglich war er als Regelbeispiel in § 243 Abs. 2 Satz 2 Nr.1 a.F. enthalten. Folge dieser Umstrukturierung ist, dass der Täter bei Verwirklichung nunmehr aus einer Qualifizierung zu bestrafen ist und die Geringwertigkeitsklausel aus § 243 II und auch das Strafzumessungserfordernis des § 248 a nicht mehr greifen.

§ 244 Abs. I Nr. 1a StGB

Voraussetzungen des § 244 Abs.1 Nr.1a

1. **Diebstahl gem. § 242**
2. **Waffe oder anderes gefährliches Werkzeug wird von einem Beteiligten bei sich geführt**

Waffe oder **anderes gefährliches Werkzeug** ist nur ein Gegenstand,

der nach seiner objektiven Beschaffenheit dazu geeignet ist, erhebliche Verletzungen herbeizuführen.

Dabei handelt es sich um **Waffen im technischen Sinn**, die aufgrund ihrer Bestimmung dazu bestimmt sind, erhebliche Verletzungen herbeizuführen.

> **Bsp.**: Schusswaffen wie Gewehr, Pistole, Revolver, Luftgewehr, aber auch die geladene und einsatzbereite Armbrust, Feuerwaffen, Schreckschusspistole (soweit beim Abfeuern der Explosionsdruck vorne durch den Lauf entweicht, BGH 5 StR 233/12), Reizstoffpistole, Signalwaffe, Gaspistole sowie Hieb- und Stoßwaffen, Springmesser, Fallmesser, Butterflymesser, Dolche, Säbel, Degen und Knüppel, Schlagstock, Schlagring.

Keine Waffen im technischen Sinn sind Äxte, Beile, „Schweizer Offiziersmesser", Schlachtmesser, Fahrten- und Taschenmesser, Schraubenzieher, Sensen.

Die Diskussion um Scheinwaffen hat sich erledigt, da eine Waffe objektiv gefährlich sein muss. Strittig ist, was unter „anderes gefährliches Werkzeug" zu verstehen ist.

Zum einen wird vertreten, die Gefährlichkeit des Werkzeugs müsse abstrakt-objektiv bestimmt und subjektive Merkmale gänzlich außer Acht gelassen werden.

Andere stellen auf die konkrete Tatsituation bzw. Missbrauchsvermutung ab.

Schließlich wird eine konkrete Absicht verlangt, das vorhandene gefährliche Werkzeug auch zu gebrauchen oder zumindest sich den Gebrauch vorzubehalten.

> Vgl. zum gesamten Problem: Lackner/Kühl § 244, 3ff; Wessels/Hillenkamp BT2 Rn272 ff

> Um vertretbare Falllösungen zu erzielen, müsste mittels einer teleologischen Reduktion auf beide Bestandteile – objektive Gefährlichkeit und Verwendungsabsicht – zurückgegriffen werden. Dann wäre z.B ein Täter strafbar gemäß § 244 StGB, wenn er z.B eine – als Waffe geeignete - Nagelpfeile im Notfall auch als Waffe einsetzen will.

Der Täter muss eine Waffe bzw. ein Werkzeug **bei sich führen**. Die Definition stellt auf zwei Elemente ab: ein räumliches und ein zeitliches. Räumlich gesehen muss dem Täter die Waffe während des Tatvorgangs bewusst unmittelbar zur Verfügung stehen.

Die Waffe muss sich in unmittelbarer Zugriffsnähe befinden und gebrauchsbereit sein, d.h. nicht unbedingt direkt in der Hand oder am Körper des Täters. Zeitlich gesehen muss der Täter die Waffe nach einhelliger Meinung auch nicht die gesamte Tatzeit über bei sich führen. Es reicht aus, wenn ihm die Waffe zu irgendeinem Zeitpunkt während des gesamten Tatkomplexes zur Verfügung steht. Er kann sie auch den Sachen des Opfers entnehmen.

Bsp.: A ist mit dem PKW von Köln nach Berlin unterwegs, um Drogen zu kaufen. Dort angelangt, steigt der Dealer X in das Auto des A. A lässt sich von X verschiedene „Produkte" zeigen. Plötzlich reißt A die Ware an sich, schlägt auf X ein und stößt ihn aus dem Fahrzeug, um anschließend davonzufahren. Im Kofferraum befindet sich ein geladener Revolver, den A auch gegen X eingesetzt hätte, wenn die Gegenwehr des X zu stark gewesen wäre. (nach BGH NStZ 04, 111).

Andererseits ist § 244 StGB nur dann gegeben, wenn der Täter diese Mittel nicht tatsächlich einsetzt, da sonst Raub (§ 249 StGB) oder räuberische Erpressung (§ 255 StGB) gegeben ist.

Es reicht dabei auch aus, wenn der Täter die Waffe oder das gefährliche Werkzeug während des **Vorbereitungsstadiums** bei sich geführt hat.

Str. ist die Behandlung, wenn der Täter die Waffe erst **nach Vollendung und vor Beendigung der Tat** ergreift.

Teilweise wird ein Beisichführen einer Waffe zu diesem Zeitpunkt bejaht und mit der besonderen Gefährlichkeit des Täters begründet, da es ihm um die Sicherung seiner Person und seiner Beute gehe.

Die Gegenmeinung lehnt diese Ausdehnung der Definition ab; hierdurch würde die eigens hierfür geschaffene Vorschrift des § 252 StGB unterlaufen.

Bsp: A will mit Hilfe einer Brechstange in die Wohnung der B eindringen. Zu seinem Schutz führt er auch eine Pistole bei sich. Brechstange und Pistole hat er in seinem Rucksack. Als er vor der Wohnungstüre steht, merkt er, dass die Türe unverschlossen ist. Er betritt die Wohnung durch die offene Türe und lässt seinen Rucksack vor der Türe liegen. - Als der A vor der Wohnung stand und die Türe mit der Brechstange öffnen wollte, befand er sich bereits im Versuchsstadium des Diebstahls. Es reicht aus, wenn der Täter zu diesem Zeitpunkt die Waffe im Rucksack bei sich geführt hat; es ist nicht erforderlich, dass er die Waffe oder das gefährliche Werkzeug während der gesamten Tatzeit bei sich führt.

Bsp.: Der A betritt durch die offene Türe den Metzgerladen des X, um dort etwas zu stehlen. Als er ein Geräusch hört, nimmt er ein Fleischmesser von der Theke. - Auch hier ist § 244 Abs. 1 Nr. 1 a erfüllt. Es ist gleichgültig, ob der Täter die Waffe oder das gefährliche Werkzeug mitbringt oder aus dem Gewahrsam des Opfers an sich nimmt.

Bsp.: Polizeibeamter P betritt mit seiner geladenen und schussbereiten Dienstwaffe den Kassenraum einer Tankstelle. Nachdem er seine Tankfüllung ordnungsgemäß bezahlt hat, nimmt er – ohne Kenntnis des Kassierers und ohne Bezahlung – eine Packung Kaugummis mit. Strafbarkeit nach § 244 I Nr. 1 a StGB? -. Die einsatzbereite Pistole des P stellt eine Schusswaffe im Sinne von § 244 Abs. 1 Nr. 1 a StGB dar. Einer Bestrafung wegen Diebstahls mit Waffen wird entgegen gehalten, dass man im Wege einer teleologischen Reduktion solche Fälle aus dem Anwendungsbereich der Vorschrift herausnehmen müsse. Danach wäre P wegen Diebstahls strafbar.

Andere meinen dagegen die objektive Gefährlichkeit sei nicht dadurch als geringer zu beurteilen, weil es sich um einen Berufswaffenträger handelt. Auch hier könnten im Einzelfall Umstände hinzutreten, die auch beim Berufswaffenträger den Einsatz seiner Waffe bewirken. Zu denken wäre hier etwa an die Erhaltung des Berufes um jeden Preis. Hiernach wäre P gemäß § 244 Abs. 1 Nr. 1 a StGB zu bestrafen.

Problematisch ist ferner, ob der Täter zumindest teilweise von einer Qualifizierung zurücktreten kann.

Bsp.: *A möchte nach Geschäftsschluss durch ein Seitenfenster in das Geschäft des B gelangen, um die abendliche Kassenfüllung an sich zu nehmen, die B immer bis zum Tag darauf im Hinterraum sammelt. Da B einen großen Hund hält, führt A ein großes Messer bei sich. An dem besagten Abend wartet A im Vorgarten des Geschäfts, sein Messer im Hosenbund. Als er sieht, dass B an diesem Abend mit seinem Furcht erregenden Hund gemeinsam das Geschäft verlässt, wirft er sein Messer in die Büsche vor dem Fenster. Er steigt wie geplant ein und bringt den Kassenbestand an sich.*

Der BGH (vgl. BGH NStZ 1984, 216, 217) vertritt die Ansicht, lediglich ein Teilrücktritt von der Qualifikation sei nicht möglich, der Täter könne nur von der gesamten versuchten Tat zurücktreten.

Andere sehen in dieser Handlung des Täters eine rechtlich erhebliche Reduzierung des Unrechts. Trotz ihrer materiell-rechtlichen Einheit stellten sie wertungsmäßig zwei Tatbestände dar. Es entspreche dem Gedanken der tätigen Reue, solange es bei abstrakten Gefahren geblieben sei.

Lackner/Kühl, § 24 Rn 13; Wessels/Beulke, AT, Rn 643

§ 244 Abs. I Nr. 1b StGB

Voraussetzungen des § 244 Abs.1 Nr.1b

> 1. **Diebstahl gem. § 242**
> sonstiges **Werkzeug oder Mittel** wird von einem Beteiligten bei sich geführt
> 3. um **Widerstand eines anderen**
> zu verhindern oder zu überwinden
> 4. durch **Gewalt oder Drohung**

Bei Nr.1b genügt nicht das bloße Mitführen, sondern es muss auch der **Wille des Täters** vorhanden sein, **diese Mittel** zur Überwindung eines eventuellen Widerstandes **einzusetzen.** Daraus folgt, dass es sich um ein Mittel handeln muss, das der Täter für geeignet hält, mit ihm Gewalt zu üben oder mit gegenwärtiger Gefahr für Leib oder Leben zu drohen. Dabei kann es sich zB um Handfesseln, Klebeband, Betäubungsmittel oder Reizgas handeln

Umstritten ist, ob auch das **Mitführen von ungeladenen Schusswaffen** und **Scheinwaffen** tatbestandsmäßig ist.

Eine **Literaturmeinung** verneinte dies zur alten Fassung des Gesetzes mit der Begründung, dass die erhöhte Strafdrohung des früheren § 244 Abs.1 Nr.2 StGB nur mit der objektiven Gefährlichkeit des Täters zu erklären sei. Daher könnten Scheinwaffen etc. dem Zweck der Vorschrift entsprechend nicht ausreichen, es sei denn, die Scheinwaffe kann z.B. auch als Schlagwerkzeug eingesetzt werden.
Vgl. Haft JUS 1988, 364

Von der **Rechtsprechung** wurde eine Scheinwaffe etc. schon zur früheren Gesetzesfassung als ausreichend erachtet. Begründet wurde diese Ansicht mit der aus der Sicht des Opfers erfolgten Erhöhung der Gefährdung.
Vgl. BGHSt 23, 339, BGH NJW 1976, 248.

Nach der Auffassung des **Rechtsausschusses** soll diese Gesetzesvariante der **Neufassung** des § 244 Abs.1 Nr.1b die Funktion eines Auffangtatbestandes erfüllen und Scheinwaffen sowie solche Gegenstände erfassen, die zur gewaltsamen Überwindung eingesetzt werden sollen, ohne hierbei objektiv wenigstens Leibesgefahr zu begründen. Der Täter rüste sich bei dem Diebstahl so aus, dass er ggf. Widerstand durch Gewalt gegen eine Person oder durch Drohung mit gegenwärtiger Gefahr für Leib oder Leben überwinden kann. Eine Drohung ist aber auch möglich, wenn der Täter eine Scheinwaffe einsetzt, denn es kommt nicht darauf an, ob das in Aussicht gestellte Übel wirklich realisiert werden kann, es genügt eine Scheinwaffe zur Tatbestandserfüllung.

§ 244 Abs. I Nr. 2 StGB (Bandendiebstahl)
Voraussetzungen des § 244 Abs.1 Nr.2

1. **Diebstahl gem. § 242**
2. **Täter ist Mitglied einer Bande**
3. **Bande hat sich zur fortgesetzten Begehung von Diebstahl verbunden**
4. **Tat wird unter Mitwirkung eines Bandenmitgliedes begangen**

Eine **Bande** ist **eine auf einer ausdrücklichen oder stillschweigenden Vereinbarung beruhende Verbindung von mindestens drei Personen.**

Der BGH verlangte früher für das Vorliegen einer Bande lediglich 2 Personen, während ein Teil der Literatur erst bei **3 Personen** von einer Bande ausgegangen ist. Dieser Literaturansicht hat sich später auch der BGH angeschlossen (BGH NJW 2001, 2266).

Für die Annahme einer Bande genügt nicht, dass die Beteiligten als Mittäter i.s. von § 25 II StGB zusammenwirken. Die Täter müssen sich vielmehr mit dem ernsthaften Willen zusammengeschlossen haben, künftig für eine gewisse Dauer selbständige, im Einzelnen noch ungewisse Straftaten der gesetzlich umschriebenen Art zu begehen. Die Tatbegehung als Bandenmitglied stellt eine gegenüber der Mittäterschaft gesteigerte, über die aktuelle Tat tendenziell hinausreichende deliktische Zusammenarbeit dar. Dabei muss die Bandenabrede immer auf ein kriminelles Ziel ausgerichtet sein. Ein weitergehender "gefestigter Bandenwille" oder ein "Tätigwerden in einem übergeordneten Bandeninteresse" ist nicht erforderlich. (BGH NJW 2001, 2266).

Bsp: A, B, C und D sind Mitglieder eines privaten Skatclubs, die sich regelmäßig in einer Gaststätte des G zum Kartenspielen treffen. Eines Tages beschließen sie, dem G in einem unbeobachteten Augenblick gemeinsam Geld aus der Kasse zu stehlen. - Hier handeln die Personen zwar als Mittäter, aber nicht als Bande. Zwar haben sie sich auf Dauer zu einem gemeinsamen Zweck zusammengeschlossen, dies war aber das Kartenspielen und damit kein deliktischer Zweck. Der Entschluss zum Diebstahl bezieht sich auf eine einmalige Tat. Sie sind daher nicht wegen Bandendiebstahls strafbar.

Auch das Mitglied einer Bande, das im Hintergrund agiert und nicht unmittelbar an der Ausführung eines Diebstahls beteiligt ist, ist Täter und nicht nur Teilnehmer eines schweren Bandendiebstahls, wenn es einen als täterschaftlich zu wertenden Tatbeitrag erbringt und der Diebstahl von mindestens zwei weiteren Bandenmitgliedern in einem zeitlichen und örtlichen Zusammenwirken begangen wird (BGHSt 46, 120, 127 ff).

Mitglied einer Bande kann auch sein, wem nach der Bandenabrede nur Aufgaben zufallen, die sich bei wertender Betrachtung als Gehilfentätigkeit darstellen (BGH NJW 2002, 1662). Beihilfe zum Bandendiebstahl ist jedoch zu verneinen, wenn der Gewahrsam am Diebstahlsobjekt bereits gesichert ist und die Taten bereits beendet sind. So z.B. das Verpacken gestohlener Ware (BGH NJW 2013, 2211)

Die Wegnahmehandlung kann auch durch eine Person erfolgen, die nicht Bandenmitglied ist.

§ 244 Abs. I Nr. 3 StGB (Wohnungsdiebstahl)

Der Täter muss zur Tat in eine Wohnung eindringen.

Wohnung ist

> **der Inbegriff der Räume, die einer Person zur ständigen Unterkunft dienen oder zu Benutzung freistehen.**

Der Begriff der Wohnung entspricht grundsätzlich dem des § 123 StGB. Nicht geschützt sind leer stehende Wohnungen, Arbeitsräume, Hausflure, Kellerräume und andere offene Flächen wie Gärten und Terrassen.

Die Tatbehandlung besteht im Einbrechen, Eindringen oder Einsteigen mit einem falschen Schlüssel oder einem nicht zum Öffnen vorgesehenen Werkzeug. Hierzu wird auf die Ausführungen zum Regelbeispiel § 243 Abs. 1 S. 2 Nr. 1 StGB verwiesen.

Die Vorschrift ist auch erfüllt, wenn nach Einbruch oder Einsteigen in Wohnräume die Wegnahmehandlung selbst aus einem angrenzenden Geschäftsraum erfolgt (BGH NJW 2001, 3203). Im Übrigen entsprechen die Merkmale der Nr.3 denen des § 243 Abs.1 Nr.1 StGB.

Haus und Familiendiebstahl § 247 StGB

§ 247 StGB ist auf alle Diebstahlstaten anwendbar, also auch auf §§ 243 StGB und 244 StGB. Eine **häusliche Gemeinschaft** setzt ein freiwilliges Zusammenleben von gewisser Dauer voraus. Soldaten oder Gefangene gehören nicht dazu.

Diebstahl geringwertiger Sachen § 248 a

§ 248 a StGB setzt voraus, dass die Sache objektiv geringwertig ist. Der Begriff der **Geringwertigkeit** entspricht hier dem des **§ 243 Abs.2 StGB**. Rechtsfolge ist nur das grundsätzliche Antragserfordernis, keine obligatorische Strafmilderung.

Strafantrag beim Diebstahl §§ 247, 248 a StGB

Unter bestimmten Voraussetzungen kann der einfache Diebstahl nur bei einem Strafantrag des Verletzten verfolgt werden. Ein Strafantrag ist Prozessvoraussetzung. Einzelheiten des Strafantragsrechts regeln die Vorschriften der §§ 77 ff. StGB.

Beachten Sie aber: Der fehlende Antrag bei § 248a StGB kann durch die Bejahung des öffentlichen Interesses ersetzt werden!

Unbefugter Gebrauch eines Fahrzeuges § 248 b StGB

Diese Vorschrift stellt den bloßen Gebrauchsdiebstahl unter Strafe, den sog. furtum usus. Strafbar macht sich, wer ein Kfz oder ein Fahrrad gegen den Willen des Berechtigten ohne Zueignungsabsicht (sonst § 242) in Gebrauch nimmt.

Voraussetzungen des § 248b

1. Tatobjekt ist ein Kfz oder ein Fahrrad
2. Ingebrauchnahme
3. gegen den Willen des Berechtigten
4. Strafantrag

Kraftfahrzeuge sind neben Autos auch Motorräder, Flugzeuge, Schiffe usw.; nicht aber Straßenbahnen und Fahrzeuge ohne eigenen Antrieb, z.b. Anhänger, Segelboote, oder an Bahngleise gebundene Fahrzeuge wie Lokomotiven und Straßenbahnen.

Das **Ingebrauchnehmen** setzt voraus, dass der Täter das Fahrzeug gegen den ausdrücklich erklärten oder mutmaßlich entgegenstehenden Willen des Berechtigten in Gebrauch nimmt. Der Täter muss **das Fahrzeug nach seinem Willen zu einer Fahrt in Gang setzen oder in Gang halten.**

Nicht jede beliebige Benutzung unterfällt der Vorschrift, sondern nur die bestimmungsgemäße Verwendung des Fahrzeugs als Beförderungsmittel zum Zwecke der Fortbewegung. Ob dies mit oder ohne Ingangsetzen des Motors geschieht, ist unerheblich. Das Rollen im Leerlauf reicht also auch, nicht hingegen betriebsfremde Nutzungen, wie Übernachten in parkenden Wagen oder bloßes Mitfahren.

Nach h.M. (u.a. OLG Schleswig NStZ 90, 340) erfüllt auch der **unbefugte Weitergebrauch** eines Kfz durch einen nicht mehr Berechtigten den Tatbestand.

Bsp.: A hat einen PKW bis Montag 12.00 Uhr gemietet. Er benutzt das Fahrzeug jedoch weiter und bringt es erst am Dienstag zurück.

Vollendet ist § 248b mit dem Anfahren, das Einschalten der Zündung begründet Versuch. Als Dauerdelikt endet es erst mit Einstellung des Gebrauchs, so dass die Rückführung des Fahrzeugs an den Berechtigten von § 248 b grundsätzlich noch erfasst ist.

Mittäter des Deliktes kann nur derjenige sein, der selbst zur Ingebrauchnahme beiträgt und nicht nur lediglich die Vorteile der Tat genießt.

Bsp.: A und B brechen ein Auto auf, mit dem sie eine Spritztour unternehmen wollen, um es anschließend wieder dort abzustellen. Der C sieht dabei zu. Alle drei fahren anschließend gemeinsam los, wobei A den Wagen lenkt. - A ist als Fahrer Täter; B ist als Mittäter des § 248 b StGB strafbar, da er gemeinsam mit A den Wagen aufbricht. Der C nutzt lediglich die Vorteile der Tat, hat aber zum Aufbrechen des Autos nichts beigetragen.

Berechtigter ist, wer rechtlich befugt ist, das Kfz als Fortbewegungsmittel zu benutzen.

Entziehung elektrischer Energie § 248 c StGB

§ 248 c StGB erfasst als Tatobjekte Dinge, die keine Sachen sind und daher nicht dem Strafrechtsschutz der §§ 242, 246 StGB unterfallen. Diese Vorschrift schließt daher eine bei §§ 242, 246 StGB verbleibende Lücke.

Wiederholungsfragen zum 2. Kapitel, 2. Teil

1. In welchem Verhältnis steht § 244 StGB zu § 242 StGB?	§ 244 StGB ist eine Qualifizierung des einfachen Diebstahls gem. § 242 StGB.
2. Ist es bei § 244 StGB nötig, dass der Täter die Waffe in der Hand hält?	Nein. Das Tragen der Waffe in der Hand oder am Körper ist nicht erforderlich.
3. Was ist ausreichend?	Das Mitführen der Waffe.
4. Wann ist dies gegeben?	Es reicht aus, wenn sie dem Beteiligten jederzeit zur Verfügung steht, also von ihm jederzeit ergriffen und gebraucht werden kann
5. Welche Voraussetzungen sind an das Tatmittel des § 244 Abs.1 Nr.1 StGB zu stellen?	Es muss ein Gegenstand sein, der nach seiner Art und seinem Verwendungszweck in der konkreten Situation dazu geeignet ist, Widerstand durch Gewalt oder Drohung mit Gewalt zu verhindern oder zu brechen.
6. Wie definiert man eine Bande?	Eine Bande iSd § 244 Abs.1 Nr.3 StGB ist eine auf einer ausdrücklichen oder stillschweigenden Vereinbarung beruhende Verbindung von mindestens drei Personen.
7. Was ist eine Wohnung?	Inbegriff der Räume, die einer Person zur Unterkunft dienen.

Fall 11 (Die nächtliche Wettfahrt)

A und sein Freund B sind begeisterte Motorsportfans. An einem Abend reden sie lange über ihr Hobby. Sie streiten darüber, wer nun der bessere Fahrer sei. A schlägt dem B vor, diese Frage durch eine nächtliche Wettfahrt zu klären. Da der A weiß, dass das Auto des B gerade zur Reparatur in der Werkstatt ist, bietet er dem B an, den Wagen der Schwester des A - der S - zu benutzen. Diese ist gerade für einige Wochen im Urlaub und hat dem A den Wagen anvertraut. Sie hat dem A erlaubt, das Fahrzeug zu benutzen, nicht aber seinen Freunden, von deren Fahrkünsten sie nicht viel hält. Der A hat das Fahrzeug der S einige Tage selbst benutzt, sich dann aber einen eigenen Wagen gekauft. Der B, der diese Umstände kennt, ist begeistert. Sie unternehmen beide auf einer einsamen Rennstrecke die Wettfahrt und stellen anschließend das Fahrzeug der S unbeschädigt zurück. Strafbarkeit von A und B?

Lösungsvorschlag

Strafbarkeit des B

B könnte sich gem. § 248b strafbar gemacht haben, als er den Wagen der S nutzte.

Bei dem Pkw der S handelt es sich um ein Kraftfahrzeug. Mit dem Fortfahren zur Wettfahrt hat der B dieses bestimmungsgemäß als Fortbewegungsmittel genutzt und damit in Gebrauch genommen.

Dies müsste aber gegen den Willen des Berechtigten geschehen sein. Berechtigter ist jeder, der rechtlich befugt ist, das Kfz als Fortbewegungsmittel zu nutzen.

Der A war mit der Fahrt einverstanden, nicht aber die S. Zunächst wäre S als Eigentümerin Berechtigte. A käme als Berechtigter dann in Betracht, wenn ihm das Recht zur Verfügung über das Fahrzeug übertragen wurde. Da die Eigentümerin S ihm das Fahrzeug anvertraut hat, ist dies gegeben. Allerdings könnte die Befugnis des A eingeschränkt sein. Die S wollte lediglich den A mit dem Fahrzeug fahren lassen, nicht aber dessen Freunde. Der A hatte also kein unbeschränktes Verfügungsrecht über den Gebrauch. Der A kann damit lediglich die Berechtigung an der Benutzung insoweit weiter übertragen, wie sie ihm selbst von der S als Eigentümerin eingeräumt worden ist. Lediglich im Rahmen dieser - hier eng gezogenen - Dispositionsbefugnis handelt er als ein Berechtigter über den Gebrauch iSd § 248 b StGB. Soweit er außerhalb dieser Befugnis handelte, fehlt es an seiner Berechtigung. Da er mit der Überlassung an B außerhalb der gezogenen Grenze lag, liegt hier ein Handeln gegen den Willen des Berechtigten vor.

Wie hier auch Schönke-Schröder-Eser, § 248 b Rdnr.7 mwN.

Vertreten wird aber auch eine restriktive Auslegung des § 248 b StGB. Aus der Entstehungsgeschichte der Vorschrift ergebe sich, dass damit die „Diebstähle ohne Zueignungsabsicht" an Kraftfahrzeugen und Fahrrädern geahndet werden sollten. Dieser rechtspolitische Grund fehle aber dann, wenn durch den Eigentümer eine - wenn auch eingeschränkte - Gebrauchsüberlassung erfolgt ist. Auch sei nicht angemessen, in diesem Bereich jede zivilrechtliche Vertragsverletzung als Straftat zu ahnden.

Vgl. AG München NStZ 1986, 458, 459; Schmidhäuser NStZ 1986, 460, 461

Allerdings geht es hier im Fall nicht um eine geringfügige Verletzung des dem A eingeräumten Nutzungsrechts wie z.B. die Überschreitung der vereinbarten Mietzeit beim Mietfahrzeug. Vielmehr liegt hier eine eindeutig erkennbare und abgrenzbare Gebrauchsüberschreitung durch Weitergabe an einen Dritten - den B - vor. Hierbei wird der Schutzzweck des § 248 b StGB stärker und wesentlich deutlicher verletzt als bei einer Überschreitung vertraglich festgelegter Nutzungsregelungen durch A selbst.

§ 248 b StGB des B ist daher auch nach dieser Ansicht zu bejahen.

Da B diese Umstände auch kannte, handelte er vorsätzlich. Rechtswidrigkeit und Schuld sind gegeben. B hat sich gem. § 248b strafbar gemacht.

3. Kapitel
Unterschlagung § 246 StGB

§ 246 StGB enthält zwei Tatbestandsalternativen, nämlich das Grunddelikt des § 246 Abs.1, 1.Alternative StGB und die Qualifizierung der veruntreuenden Unterschlagung des § 246 Abs.1 2.Alternative StGB.

Prüfungsschema zu § 246 StGB

A. Tatbestand
   I. objektiver Tatbestand
      1. fremde bewegliche Sache
      2. sich *oder Dritten* die Sache rechtswidrig zueignen
   II. subjektiver Tatbestand
      Vorsatz

B. Rechtswidrigkeit
C. Schuld
D. *Subsidiarität* und ggf. Antrag als Strafverfolgungs-
   voraussetzung § 247 StGB oder § 248 a StGB

Grundtatbestand 246 Abs.1, 1.Alternative StGB

Die Unterschlagung lässt sich beschreiben als die

**objektive Manifestation der Zueignung
an einer fremden beweglichen Sache
ohne Gewahrsamsbruch**

§ 246 StGB ist der Auffangtatbestand, der alle Formen rechtswidriger Zueignung fremder beweglicher Sachen umfasst, sofern diese nicht einen mit schwerer Strafe bedrohten Tatbestand verwirklichen.

Hinweis: Nach dem früheren Recht war erforderlich, dass der Täter die unterschlagene Sache zur Tatzeit in Besitz oder Gewahrsam hatte. Aus diesem Tatbestandsmerkmal ergab sich ein intensiver Meinungsstreit in Literatur und Rechtsprechung (wörtliche Auslegung, "kleine berichtigende Auslegung", "große berichtigende Auslegung"), der mit der Neuregelung des Gesetzes gegenstandslos geworden ist. Die derzeitige Fassung des Gesetzes beinhaltet nunmehr die sog. "große berichtigende Auslegung", nach der Gewahrsamsbegründung und Zueignung zeitlich zusammenfallen können.

Rechtswidrige Zueignung

Die rechtswidrige Zueignung ist bei § 246 StGB - im Gegensatz zu § 242 StGB - ein **Merkmal des objektiven Tatbestandes**. Sie muss also bei der vollendeten Unterschlagung nicht nur gewollt, sondern tatsächlich erfolgt sein. Dabei muss der Täter die Sache sich *oder einem Dritten* zueignen, denn auch eine Drittzueignung erfüllt den Tatbestand.

Erforderlich ist hierzu die **objektive Manifestation des Zueignungswillens**. Das bedeutet, dass die **Zueignungshandlung** in irgendeiner Form – z.B. durch Verfügung, Verpfändung, Verarbeitung oder Veräußerung - **nach außen objektiv erkennbar** wird. Solange sich der Täter nach außen hin ordnungsgemäß in dem ihm gesteckten Rahmen bewegt, scheidet eine Zueignung aus, selbst wenn der Täter zu diesem Zeitpunkt bereits entschlossen ist, die Sache für sich zu verwenden. Erst wenn der Täter die ihm nach außen hin gegebenen Befugnisse überschreitet, ist die objektive Manifestation des Zueignungswillens zu bejahen.

> **Bsp.:** *Der A findet auf der Parkbank eine Geldbörse und nimmt sie mit. - Hier ist das Verhalten des A noch neutral; es ist nicht zu erkennen, ob der A die Geldbörse mitnimmt, um sie zum Fundbüro zu bringen oder zu behalten.*

> **Gegenbsp.:** *Der B findet auf der Parkbank eine Geldbörse, nimmt das Geld heraus, steckt es zu seinem Geld und wirft die Geldbörse weg. - Am Verhalten des B ist zu erkennen, dass er das Geld für sich behalten will.*

> **Weiteres Bsp.:** *Der Verkaufsfahrer F bringt Waren zu den Kunden und kassiert dort auch das Geld, um es am Ende der Fahrt bei seinem Chef abzurechnen. Als er von seinem Chef gekündigt wird, entschließt er sich, in die eigene Tasche zu wirtschaften und das Geld nur noch für sich zu kassieren. - Hier hält sich der F nach außen hin im Rahmen seiner Befugnisse; es ist in diesem Zeitpunkt noch nicht zu erkennen, dass er das Geld für sich verwenden will.*

Subjektiver Tatbestand

Der subjektive Tatbestand setzt zumindest bedingten Vorsatz hinsichtlich aller Merkmale des objektiven Tatbestandes voraus.

Das Problem der erneuten Zueignung

Umstritten ist, ob eine Unterschlagung auch dann noch erfolgen kann, wenn der Täter sich die Sache bereits vorher durch ein Eigentums- oder Vermögensdelikt in strafbarer Weise angeeignet hat.

> **Bsp.:** *Der K findet auf der Bank im Bus eine Werkzeugtasche. Er steckt die Tasche ein, um sie später zu verwerten. Da er selbst keine Verwendung für die Werkzeuge hat, weiht er den H ein, der die Gegenstände auf dem Trödelmarkt für K verkauft. - Da hier - anders als bei der verlorenen Geldbörse auf der Parkbank - die Werkzeugtasche nicht gewahrsamslos geworden ist, sondern in den Gewahrsam des Busfahrers gefallen ist (siehe Fall 6,) verwirklicht der K hier in diesem Zeitpunkt einen Diebstahl gem. § 242 StGB.*

Fraglich ist in Fällen wie dem vorstehenden Beispiel, ob beim Ausgeben des Geldes etc. auch noch § 246 StGB verwirklicht wird.

Nach der **Rechtsprechung** ist hier die Zueignung schon tatbestandlich ausgeschlossen, da der Täter sich die Sache bereits durch die erste Tat zugeeignet habe. (sog. Tatbestandslösung).

Die **Gegenansicht bejaht** die Möglichkeit einer **erneuten Zueignung.** Sie geht allerdings von einer für den Täter **straflosen Nachtat** aus. (sog. Konkurrenzlösung) Seelmann, JUS 1985, 699, 702 sowie die Nachweise bei Lackner/Kühl § 246, Rn 7.

Für den Täter hat der Meinungsstreit also keine praktische Bedeutung, da nach beiden Ansichten jedenfalls eine Bestrafung wegen Unterschlagung ausscheidet. Für einen Gehilfen wirkt sich der Streit aber insofern aus, als nur nach der Gegenmeinung eine Haupttat nach § 246 StGB vorliegt und der Gehilfe bestraft werden kann. Folgt man dagegen der Rechtsprechung, so scheidet Beihilfe mangels einer Haupttat aus.

Klausurtipp

> **Auch dieser Meinungsstreit sollte in Klausuren nur dann ausführlich erörtert werden, wenn sich *praktische Auswirkungen* für Tatbeteiligte ergeben.**
>
> **Andernfalls reicht es aus, die *Ansätze* und ihre *übereinstimmende Auswirkung* auf den Fall darzustellen. Der Streit muss dann aber *nicht entschieden* werden.**

Beachten Sie aber:

> **Da die übereinstimmenden Ergebnisse auf *verschiedenen Stufen des Deliktsaufbaus* erzielt werden, soll es Professoren geben, die deshalb den Streit im Tatbestand entschieden haben wollen! Fazit: Erkundigen Sie sich, wie´s der große Meister gerne hätte....**

Beachten Sie außerdem: Diese Rechtsfrage stellt sich nicht nur, wenn ein Diebstahl vorangegangen ist, sondern auch wenn ein **anderes Eigentums- oder Vermögensdelikt** wie z.B. Raub oder auch ein Betrug Vortat war. Allerdings muss die Tat strafbar sein, der Täter darf also nicht gerechtfertigt oder entschuldigt sein.

Qualifizierung 246 Abs.2 StGB
(veruntreuende Unterschlagung)

Die veruntreuende Unterschlagung setzt zusätzlich voraus, dass dem Täter die Sache **anvertraut** ist.

> **Anvertraut ist eine Sache dann, wenn der Gewahrsam dem Täter in dem Vertrauen eingeräumt wurde, er werde die Sachherrschaft nur im Sinne des Einräumenden ausüben**

Bsp.: Der K hat einen Fernseher unter Eigentumsvorbehalt gekauft. Er verkauft das Gerät an den X. - Hier liegt eine veruntreuende Unterschlagung vor, da dem K vom Eigentümer der Gewahrsam an der Sache eingeräumt worden ist mit der Maßgabe, seine Interessen zu wahren.

Anvertrauen iSd § 246 Abs.2 besteht auch im Rahmen eines Auftrags sowie bei Leihe, Leasing, Miete.

Eine veruntreuende Unterschlagung liegt nicht vor, wenn die Überlassung an den Täter den Interessen des Eigentümers zuwiderläuft.

Bsp.: Der Dieb D gibt ein gestohlenes Fahrrad bei X in Verwahrung, um es später abzuholen. Der X verkauft es an V. - Eine veruntreuende Unterschlagung liegt hier nicht vor. Zwar sollte der X die Sachherrschaft am Fahrrad nur für den D ausüben, diese Überlassung läuft aber den Interessen des Eigentümers zuwider.

Subsidiarität

§ 246 ist nicht nur gegenüber Zueignungsdelikten, sondern gegenüber allen Delikten mit höherer Strafandrohung subsidiär (BGH NJW 2002, 2188).

Haus und Familienunterschlagung § 247 StGB

§ 247 StGB ist auch auf die Unterschlagung anwendbar. In diesem Fall ist ein Strafantrag erforderlich.

Unterschlagung geringwertiger Sachen § 248 a StGB

§ 248 a StGB verlangt bei einer Unterschlagung geringwertiger Sachen einen Strafantrag.

1. Welche objektiven Tatbestandsvoraussetzungen hat § 246 StGB?

Zueignung einer fremden beweglichen Sache.

2. Welcher Gewahrsamsinhaber kann keine Unterschlagung begehen?

Der Inhaber des untergeordneten oder gleichrangigen Mitgewahrsams kann keine Unterschlagung begehen.

3. Begründung für Antwort 2 ?

Weil er übergeordneten oder gleichrangigen Mitgewahrsam bricht.

4. Muss der Täter Gewahrsam haben?

Nein, nach der gesetzlichen Neufassung ist dies nicht mehr erforderlich.

5. Welche Anforderungen stellt § 246 StGB an die Zueignung?

Anders als bei § 242 muss die Zueignung objektiv vorliegen und nicht nur beabsichtigt sein.

6. Definition der Zueignung i.S.d § 246 StGB?

..... ist eine objektive Manifestation des Zueignungswillens

7. Was ist subjektiv für § 246 StGB erforderlich?

Mindestens dolus eventualis bzgl. des obj. Tatbestandes, also auch hinsichtlich der Zueignung.

8. Was ist eine veruntreuende Unterschlagung?

Sie setzt zusätzlich voraus, dass dem Täter die Sache anvertraut ist.

9. Was bedeutet „anvertraut"?

Anvertraut ist eine Sache dann, wenn der Gewahrsam dem Täter in dem Vertrauen eingeräumt wurde, er werde die Gewalt nur im Sinne des Einräumenden ausüben

10. Was versteht man unter einer „erneuten Zueignung"?

Von einer „erneuten Zueignung" spricht man dann, wenn der Täter sich die Sache bereits vorher durch ein Eigentums- oder Vermögensdelikt in strafbarer Weise angeeignet hat.

11. Ist eine solche „erneute Zueignung" möglich?

Nach der Rechtsprechung nicht, nach der Gegenansicht liegt § 246 StGB vor, ist aber straflose Nachtat.

12. Welche Auswirkungen hat dies?

Nicht für den Täter, der nach beiden Meinungen straflos bleibt, sondern nur für Tatbeteiligte. Beihilfe oder Anstiftung kommt nur nach der Gegenansicht in Betracht.

Fall 12 (Der verlorene Fund)

Der A sieht auf dem Weg zur Arbeit am Straßenrand eine Geldbörse liegen. Er hebt sie auf und findet darin 200 €. Erfreut über diesen unerwarteten Geldsegen beschließt er, für den Abend seine Arbeitskollegin K von dem Geld zum Essen einzuladen. Er steckt das Geld in die Manteltasche und wirft die Geldbörse unauffällig in einen Papierkorb. Leider hat seine Manteltasche ein Loch. Als er an seiner Arbeitsstelle ankommt und die K anrufen will, stellt er fest, dass er das Geld wieder verloren hat.

Lösungsvorschlag

Strafbarkeit des A nach § 246

Indem er das Geld aus der Börse nahm, könnte sich A gem. § 246 strafbar gemacht haben.

Die Geldbörse mit dem darin enthaltenen Geld ist eine für A fremde bewegliche Sache. Fraglich ist, ob der A sich diese Sache objektiv zugeeignet hat.

§ 246 erfordert eine objektive Manifestation des Zueignungswillens, also eine Verhaltensweise, die äußerlich erkennbar einen Zueignungsakt darstellt. Der reine Wille zur Zueignung reicht bei § 246 nicht aus. A hat das Geld aus der Börse herausgenommen und diese dann weggeworfen. Eine Zueignung der Geldbörse liegt daher nicht vor.

In Betracht kommt aber eine Zueignung des in der Geldbörse vorgefundenen Geldes.
  Indem der A das Geld aus der Börse nimmt und einsteckt und anschließend die Geldbörse wegwirft, verhält er sich objektiv erkennbar anders als ein ehrlicher Finder. Dieser hätte die Geldbörse mit dem Geld eingesteckt, um sie zum Fundbüro zu bringen. Eine objektiv erkennbare Zueignungshandlung bezüglich des Geldes ist also zu bejahen.

Vorsatz, Rechtswidrigkeit und Schuld liegen ebenfalls vor.

A hat sich somit gem. § 246 Strafbar gemacht.

4. Kapitel
Betrug § 263 StGB

Prüfungsschema zu § 263 StGB

A. Tatbestand
  I. objektiver Tatbestand
  1. Täuschungshandlung
  2. Irrtum
  3. Vermögensverfügung des Getäuschten
  4. Vermögensschaden beim Geschädigten
  5. kausaler und funktionaler Zusammenhang zwischen diesen Merkmalen
  II. subjektiver Tatbestand
  1. Vorsatz hinsichtlich aller Merkmale des objektiven Tatbestandes
  2. Bereicherungsabsicht
     a. Vermögensvorteil
     b. Absicht gerichtet auf den Vorteil
     c. objektive Rechtswidrigkeit des angestrebten Vorteils
     d. Stoffgleichheit zwischen Vorteil und Schaden
     e. Vorsatz bzgl. dieser Rechtswidrigkeit
     f. Vorsatz hinsichtlich der Stoffgleichheit
B. Rechtswidrigkeit
C. Schuld
D. ggf. Antrag als Strafverfolgungsvoraussetzung § 263 Abs. 4 StGB

Die Tatbestandsmerkmale des § 263 StGB

Täuschungshandlung

Täuschung ist ein zur Irreführung bestimmtes und damit zur Einwirkung auf das Vorstellungsbild eines anderen dienendes Gesamtverhalten.

Im Gesetzeswortlaut wird die Täuschungshandlung als „Vorspiegelung falscher oder Entstellung oder Unterdrückung wahrer Tatsachen" beschrieben. Die Täuschung muss also über Tatsachen erfolgen.

Tatsachen sind nach Ansicht der Rspr. (BGHSt 47, 1 ff.)

> **Ereignisse oder Zustände der Gegenwart oder Vergangenheit, die einem Beweis zugänglich sind.**

Bsp.: *Der Mieter M wird von seinem Vermieter V auf Zahlung von Mietrückständen verklagt. Im Prozess behauptet er, er habe die Zahlungen inzwischen überwiesen. Der V glaubt ihm und nimmt die Klage zurück. Tatsächlich hatte M nicht gezahlt. - Ob die Zahlungen erfolgt sind oder nicht, ist eine Tatsache.*

Bsp.: *V unterzeichnet einen Darlehensvertrag, in dem die Rückzahlung per Raten vereinbart wird. V weiß aber bei der Unterzeichnung schon sicher, dass er spätestens die 3. Rate nicht mehr bezahlen kann. - Mit Unterzeichnen des Kaufvertrages täuscht V den Verkäufer über Tatsachen, seine Finanzkraft.*

Gegenbsp.: *Der Mieter M beruft sich auf Mietminderung wegen Mängeln der Wohnung und trägt wahrheitswidrig dazu vor, es gebe zahlreiche gerichtliche Entscheidungen, die seine Rechtsansicht stützen. - Hier behauptet der M keine Tatsachen, sondern er stellt falsche Rechtsbehauptungen auf. Dies kann keine Betrugsstrafbarkeit begründen, denn der Wahrheitspflicht nach § 138 ZPO unterliegen nur Tatsachen.*

Ebenfalls keine Tatsachen sind Meinungsäußerungen, Werturteile oder zukünftige Ereignisse.

Die **Täuschungshandlung** kann durch **positives Tun** und durch **Unterlassen** erfolgen.

Objekt der Täuschung kann dabei nur eine Person, nicht aber eine Maschine sein.

Bsp.: *Der F wirft eine falsche Münze in einen Fahrscheinautomaten. - § 263 StGB greift hier nicht ein, da der Automat nicht „getäuscht" werden kann. Mögliche Strafbarkeitslücken werden durch die Delikte der Leistungserschleichung (§265 a StGB) und des Computerbetrugs (263 a StGB) geschlossen.*

Täuschung durch positives Tun

Getäuscht werden kann einmal durch eine **wahrheitswidrige** oder **unvollständige wörtliche Erklärung** in mündlicher oder schriftlicher Form.

Bsp.: *Der A will einen Kronleuchter an den B verkaufen und erklärt diesem, es handele sich um eine wertvolle handgearbeitete Antiquität. In Wirklichkeit handelt es sich um Massenware aus Fernost. - Der A täuscht hier ausdrücklich durch seine mündliche Erklärung, die nicht den Tatsachen entspricht.*

Bsp.: *M hat schon mehrfach Wohnungen angemietet, die er nach einiger Zeit wegen Mietrückständen räumen musste. Gegenüber dem Vermieter V erklärt M wahrheitswidrig, keine Mietschulden aus früheren Mietverhältnissen zu haben. Da er bereits bei Vertragsschluss weiß, dass er die Miete nicht zahlen kann, macht er sich des Betruges schuldig.*

Die Täuschung kann aber auch durch irreführende Veränderungen erfolgen.

Bsp.: *X will seinen Gebrauchtwagen verkaufen und manipuliert den Kilometerstand am Tacho.*

Weiteres Bsp.: *Der X will im Selbstbedienungskaufhaus ein Radio kaufen. Er nimmt das Preisschild von einem Sonderangebot ab, klebt es auf ein teures Gerät und geht damit zur Kasse. - In beiden Beispielen nimmt der Täter bestimmte Veränderungen vor, von denen er weiß, dass sich diese auf das Vorstellungsbild des Opfers auswirken.*

Getäuscht werden muss nicht ausdrücklich, vielmehr kann die Täuschung auch durch **schlüssiges Verhalten** - also konkludent - erfolgen, durch das ein Eindruck hervorgerufen wird, der mit der Wirklichkeit nicht übereinstimmt.

Bei der Eingehung eines Vertrages werden von dem Verkäufer bzw. Käufer fälschlicherweise die schlüssige Behauptung abgegeben, dass alle Voraussetzungen für ein gültiges Rechtsgeschäft in ihrer Person vorliegen.

Bsp.: *Wenn der Z auf dem Trödelmarkt seine Büchersammlung verkaufen will, erklärt er damit schlüssig, auch zur Verschaffung von Eigentum an den Gegenständen in der Lage zu sein.*

Bsp.: *Der G nimmt sich im Hotel ein Zimmer und geht ins Restaurant, um fürstlich zu speisen. Tatsächlich hat er kein Geld, um zu zahlen. - Durch die Buchung des Hotelzimmers und die Bestellung der Speisen erklärt der G konkludent, zahlungsfähig und zahlungsbereit zu sein.*

Bsp.: *X gibt dem Z eine Lastschriftermächtigung, obwohl sein Konto nicht gedeckt ist und daher die Bank eine Rückbelastung vornehmen wird. Bei dieser "Lastschriftreiterei" mit dem Ziel der Kreditbeschaffung wird die erste Inkassostelle (Gläubigerbank) konkludent getäuscht, wenn den Lastschriften kurzfristige Darlehen mit einem deutlich erhöhten Risiko des Widerrufs zugrunde liegen und der Gläubiger seiner Bank dies nicht offen legt (BGH NJW 2005, 3008).*

Gegenbeispiel: *In der Vorlage einer sog. Kundenkarte ist nicht die konkludente Erklärung enthalten, dass das Girokonto des Vorlegenden zum Zeitpunkt des späteren Lastschrifteinzugs über eine ausreichende Deckung verfügen wird (BGH wistra 2005, 222).*

Eine Täuschungshandlung liegt auch immer dann vor, wenn zusätzliche Leistungen bestellt werden.

Bsp.: *Der F nimmt sich im Hotel ein Zimmer für mehrere Tage. Am nächsten Tag verliert er beim Glücksspiel sein gesamtes Geld, benutzt aber weiter das Zimmer und bestellt sich am Abend im Hotel ein Abendessen. - Hier liegt eine Täuschung des F durch positives Tun vor. Die Bestellung des Essens hat für den Empfänger den Erklärungswert, dass der Besteller - immer noch - zur Zahlung bereit und in der Lage ist.*

Umstritten sind aber die Fälle, in denen die ursprünglich bestehende Leistungsfähigkeit entfällt, der Täter aber gleichwohl die bisher empfangenen Leistungen weiter entgegennimmt.

Bsp.: *Der F nimmt sich im Hotel für mehrere Tage ein Zimmer mit Frühstück. Am nächsten Tag verliert er beim Glücksspiel sein gesamtes Geld, benutzt aber weiter das Zimmer und nimmt auch am nächsten Morgen das Hotelfrühstück ein. - Hier liegt beim Buchen des Zimmers keine Täuschung vor, da der F zu diesem Zeitpunkt noch zahlungsfähig war. Problematisch ist, ob der weitere Verbleib im Hotel nach dem Verlust des Geldes den Tatbestand des § 263 StGB - evtl. durch Unterlassen - begründet.*

Eine **Mindermeinung** geht in solchen Fällen von einer Täuschung durch den Täter aus. Teilweise wird dabei in der Entgegennahme der Leistung des Vertragspartners eine Vortäuschung fortbestehender Zahlungsfähigkeit gesehen. Andere Vertreter der Mindermeinung bejahen hier eine Aufklärungspflicht über den Wegfall der Leistungsfähigkeit, die sich – vor allem, wenn ein besonderes Vertrauensverhältnis besteht - aus dem Vertragsverhältnis ergebe. Aufklärungspflichten sollen zudem aus Ingerenz und aus dem Gesetz begründet sein.

Demgegenüber sieht die **herrschende Meinung** in der Entgegennahme von vorher ohne Täuschungsabsicht vereinbarten Leistungen weder eine schlüssige Täuschungshandlung noch - mangels Garantenpflicht - eine Täuschung durch Unterlassen. Vgl. z.B. BGH GA 1974, 284.

Generell liegt in der Entgegennahme einer Leistung nicht die schlüssige Erklärung, dass diese Leistung von dem anderen geschuldet sei.

Bsp.: *Der Kunde K erhält an der Kasse des Supermarktes zuviel Wechselgeld heraus.*

Bsp.: *Frau F bekommt in der Reinigung versehentlich ein teures Abendkleid zurück, obwohl sie nur ein billiges Sommerkleid abgegeben hatte. - In beiden Fällen liegt keine konkludente Täuschung vor. Betrug kann daher nur bejaht werden, wenn eine Täuschung durch Unterlassen gegeben ist.- in beiden Fällen handele es sich lediglich um die Ausnutzung eines bereits vorhandenen Irrtums und nicht um eine gesonderte strafbare Handlung (BGH 39, 398; BGH JZ 89,550).*

Auch die Einreichung eines ausgefüllten Überweisungsträgers durch den Kontoinhaber bei seiner Bank enthält nicht die konkludente Erklärung, dass dem Überweisenden ein entsprechendes Guthaben auch wirklich zusteht. Vielmehr erschöpft sich der Erklärungswert eines Überweisungsauftrages in dem Begehren auf Durchführung der betreffenden Transaktion (BGH NJW 2001, 453-455).

Bsp.: *Kaufmann K hat durch einen Buchungsfehler seiner Bank eine größere Geldsumme auf dem Konto gutgeschrieben bekommen. Er füllt einen Überweisungsträger aus, um das Geld auf ein anderes Konto zu überweisen und legt das Formular bei seiner Bank vor. - Eine Strafbarkeit scheitert hier nach Ansicht des BGH an der fehlenden Pflicht, die Bank über die Fehlbuchung zu informieren.*

Bei der Bewertung der Täuschungshandlung ist dabei auf den vom Täter bewirkten Gesamteindruck bzw. Gesamtzusammenhang abzustellen.

Bsp.: *A durchsucht systematisch Tageszeitungen nach Todesanzeigen und übersendet den Angehörigen ein als "Insertionsofferte" bezeichnetes Schreiben zusammen mit einem vorgefertigten Überweisungsträger, wobei das Schreiben eine Vielzahl von Merkmalen aufwies, die bei Rechnungen für bereits erbrachte Leistungen typisch sind. Tatsächlich wurden aber Todesanzeigen im Internet angeboten, für die bei den Empfängern kein Interesse bestand. Die Empfänger hielten die Schreiben - wie vom A gewollt - für Rechnungen über die zuvor in den Tageszeitungen erschienenen Todesanzeigen. Soweit Zahlungen eingingen, hat A tatsächlich auch Todesanzeigen in das Internet eingestellt. - Wer bei unaufgeforderter Versendung von Formularschreiben planmäßig typische Rechnungsmerkmale einsetzt, die den Gesamteindruck so sehr prägen, dass demgegenüber der klein gedruckte Hinweis auf den eigentlichen Angebotscharakter völlig* *in den Hintergrund tritt, begeht eine Täuschungshandlung, denn er spiegelt durch diese Gestaltung des Schreibens dem Empfänger vor, dass eine Zahlungspflicht besteht. Durch die erfolgte Zahlung erleiden die Empfänger einen Vermögensschaden, da sie lediglich eine für sie unbrauchbare Leistung erhielten (BGH NJW 2001, 2187; vgl. dazu auch BGHSt 51, 165, 170 sowie BGH NJW 2009, 2900 -2902*

***Bsp.**: Der X versendet an neu gegründete Firmen, deren Adressen er den Veröffentlichungen des Handelsregisters entnimmt, unter Beifügung von Überweisungsträgern Angebote zur Aufnahme in ein amtliches Adressbuch. Diese Angebote sind jedoch so aufgemacht, dass Sie den Eindruck einer Rechnung hervorrufen. - Die Versendung solcher "Scheinrechnungen", mit denen bei den Empfängern (nach dem objektiven Erklärungswert und dem objektiven Empfängerhorizont) der unzutreffende Eindruck erweckt wird, es handele sich um amtliche Rechnungen für vorangegangene Eintragungen in amtliche Register, beinhaltet eine konkludente Täuschung (OLG Frankfurt, NJW 2003, 3215; BGH NStZ-RR 2004, 110).*

Täuschung durch Unterlassen

Täuschung durch Unterlassen ist nach den allgemeinen Regeln über das unechte Unterlassungsdelikt zu behandeln. Voraussetzung ist demnach, dass der Täter die ihm nach den Umständen mögliche und zumutbare **Aufklärung unterlässt,** dass eine dem Vermögensschutz dienende **Garantenpflicht zur Aufklärung besteht** und dass das Unterlassen im Sinne der Entsprechensklausel des § 13 StGB der Tatbestandsverwirklichung durch ein Handeln entspricht.

Die **Garantenstellung** kann sich aus gesetzlichen Mitteilungspflichten, aus einer ausdrücklichen Vereinbarung der Beteiligten, aus einem besonderen Vertrauensverhältnis, aus langjährigen Vertragsbeziehungen, aus enger verwandtschaftlicher oder freundschaftlicher Verbundenheit oder auch unmittelbar aus Treu und Glauben ergeben. Im Rahmen vertraglicher Beziehungen setzt dies eine strafrechtlich relevante Aufklärungspflicht dahingehend voraus, dass besondere Umstände vorliegen, wie etwa ein besonderes Vertrauensverhältnis oder eine ständige Geschäftsverbindung. Erforderlich sind mithin Situationen, in denen der eine Vertragspartner darauf angewiesen ist, dass ihm der andere die für seine Entschließung maßgebenden Umstände offenbart.

Dabei sind die Grenzen derartiger Aufklärungspflichten schwierig zu ziehen.

***Bsp.:** G ist Gebrauchtwagenhändler. Er verkauft K ein Fahrzeug, von dem er weiß, dass es sich um einen Unfallwagen handelt. K fragt nicht nach einem Unfallschaden. - G muss ungefragt aus einem besonderen Vertrauensverhältnis den Unfallschaden offenbaren, eine Täuschung durch Unterlassen liegt vor.*

***Bsp.:** Tochter T nimmt Rentenzahlungen ihres Vaters entgegen und verwendet diese für sich. Dabei unterlässt sie die gesetzlich vorgesehene Mitteilung, dass der Vater bereits vor einem halben Jahr verstorben ist. (OLG Düsseldorf III 3 RVs 31/12,3RVs 31/12)*

***Weiteres Bsp.:** Vermieter V hat Mieter M wegen Eigenbedarfs gekündigt. Vor dem Auszug des Mieters fällt der ursprünglich vorhandene Eigenbedarfsgrund bei V weg. - Aus der besonderen Bindung der Mietvertragsparteien an die engen gesetzlichen Regelungen über Wohnraumkündigungen ergibt sich die Verpflichtung des Vermieters, den Mieter ungefragt über den Wegfall des Kündigungsgrundes aufzuklären (BayOLG NJW 87, 1654).*

Bsp.: *Der X erhält an der Kasse des Supermarktes zuviel Wechselgeld zurück und steckt es schweigend ein. - Hier wird nicht verlangt, dass der X die Kassiererin unaufgefordert über ihren Irrtum aufklärt. Bei einem solchen alltäglichen Kaufvertrag ist kein Raum für die Annahme eines besonderen Vertrauensverhältnisses, aus dem sich gem. § 242 BGB eine Aufklärungspflicht ergeben könnte.*

Bsp.: *Der Verkäufer X verschweigt beim Verkauf des Hauses den Schimmelbefall im Dachgeschoss.- Mangels besonderem Vertrauensverhältnis wurde eine Aufklärungspflicht des Verkäufers verneint, OLG Bamberg NStZ-RR 2012,248*

Bsp.: *Kaufmann K hat durch einen Buchungsfehler seiner Bank eine größere Geldsumme auf dem Konto gutgeschrieben bekommen. Er überweist das Geld auf ein anderes Konto.- Eine Garantenstellung aus der Herbeiführung einer Gefahrenlage sowie wegen der Höhe des drohenden Schadens ist nicht gegeben, könnte jedoch aus Vertrag ergeben, wenn durch das Vertragsverhältnis noch ein besonderes Vertrauensverhältnis vermittelt würde. Ein solches Vertrauensverhältnis folge zwar nicht schon aus der Unterhaltung eines Girokontos, könne sich jedoch aus einer konkret vereinbarten Aufklärungspflicht zwischen der Bank und dem Kunden ergeben (BGH NJW 2001, 453-455).*

Prüfungsschema bei der Täuschung durch Unterlassen

A. Unterlassen der möglichen und zumutbaren Aufklärung

B. Garantenstellung, die dem Vermögensschutz dient

   1. aus einer gesetzlichen Mitteilungspflicht,

   2. aus einem besonderen Vertrauensverhältnis

   3. aus langjährigen Vertragsbeziehungen,

   4. aus enger verwandtschaftlicher oder freundschaftlicher Beziehung oder

   5. unmittelbar aus Treu und Glauben

C. Unterlassen entspricht einem aktiven Tun (§ 13 StGB)

Klausurtipp:

Bevor **Unterlassen geprüft** wird, sollte man sehr sorgfältig klären, ob nicht eine **Täuschung durch Handeln** - für das keine Garantenpflicht erforderlich ist - vorliegt.

Gibt der Täter z.B. eine unvollständige Erklärung ab, so liegt darin i.d.R. eine Täuschung durch positives Tun in Form einer unvollständigen Tatsachendarstellung („es gibt nicht mehr zu erklären") und nicht durch Unterlassen der vollständigen Erklärung.

Zum Konkurrenzverhältnis bei Täuschung sowohl durch aktives Tun als auch durch Unterlassen: BGH 1 StR 14/13 – es liegt nur eine Tat im Rechtssinne vor, wenn bei beiden Täuschungshandlungen derselbe Irrtum zu Grunde liegt.

1. Wie definiert man die Täuschung?	Täuschung ist ein zur Irreführung bestimmtes und damit zur Einwirkung auf das Vorstellungsbild eines anderen dienendes Gesamtverhalten.
2. Durch welche Verhaltensweisen des Täters kann die Täuschung erfolgen?	Durch ausdrückliche Erklärung, konkludentes Verhalten oder Unterlassen.
3. Wann liegt eine Täuschung durch schlüssiges Verhalten vor?	Wenn der Täter ein Verhalten an den Tag legt, durch das ein Eindruck hervorgerufen wird, der mit der Wirklichkeit nicht übereinstimmt.
4. Wann erfüllt eine Täuschung durch Unterlassen den Tatbestand?	Wenn der Täter die ihm nach den Umständen mögliche und zumutbare Aufklärung unterlässt, eine dem Vermögensschutz dienende Pflicht zur Aufklärung besteht und das Unterlassen der Tatbestandsverwirklichung durch ein aktives Tun entspricht.
5. Woraus kann sich eine Garantenstellung ergeben?	Die Garantenstellung kann sich aus gesetzlichen Mitteilungspflichten, aus einer ausdrücklichen Vereinbarung der Beteiligten, aus einem besonderen Vertrauensverhältnis oder auch unmittelbar aus Treu und Glauben ergeben.

Irrtum

Durch die Täuschung muss in dem Getäuschten ein Irrtum erregt oder unterhalten werden, wobei Kausalität zwischen Täuschung und Irrtum erforderlich ist.

Irrtum ist eine mit der Wirklichkeit nicht übereinstimmende Fehlvorstellung über Tatsachen

Gegenstand der Täuschung waren also die erklärten Tatsachen.

Macht das Opfer sich überhaupt keine Vorstellungen, so liegt kein Irrtum vor.

Bsp.: Der Kunde K bezahlt im Kaufhaus eine Jacke zum Preise von 120 EUR mit falschen Banknoten. - Die Kassiererin macht sich hier keinerlei Gedanken über die Echtheit des Geldes, da üblicherweise die Zahlung mittels echter Scheine geschieht.

Nimmt das Opfer die Täuschung nicht zur Kenntnis, so liegt keine vollendete Erregung eines Irrtums vor.

Bsp.: Der Autofahrer A tankt an der Selbstbedienungstankstelle und fährt davon, ohne zu bezahlen. - Zwar täuscht der A die Zahlungsbereitschaft vor. Wird er dabei aber nicht vom Tankstellenpersonal gesehen, fehlt es an einem Irrtum, da auf die Willensbildung des Personals nicht eingewirkt wurde. Es liegt lediglich ein versuchter Betrug vor. (OLG Köln NJW 2002, 10.BGH NStZ 2012, 324)

Die Vorstellung, „**alles sei in Ordnung**", kann genügen, wenn sie sich auf konkrete Umstände und Verhältnisse bezieht, in deren Rahmen der vorgetäuschte Sachverhalt liegt.

> **Bsp.:** *Der Zugschaffner Z fragt die Reisenden, ob noch jemand zugestiegen sei. Der Schwarzfahrer S gibt keine Antwort. - Hier liegt ein Irrtum des Zugschaffners Z vor, da er aufgrund der Gesamtumstände die Vorstellung hat, alle Reisenden seien bereits kontrolliert worden und hätten ordnungsgemäße Fahrausweise.*
>
> **Gegenbsp.:** *Der Zugschaffner Z geht am Schwarzfahrer S vorbei durch die Waggons; dabei geht der Z davon aus, alle Fahrgäste hätten einen Fahrschein. - Hier hat der Z lediglich die allgemeine Vorstellung, es sei alles in Ordnung, ausgenutzt, ohne dass sich seine Vorstellung auf äußere konkrete Umstände stützt.*

Nach Ansicht der Rechtsprechung bedarf es nicht eines ständig präsenten, aktuellen Bewusstseins im Moment der Verfügung. Ein „sachgedankliches Mitbewusstsein" soll zusammen mit einem „ständigen Begleitwissen" (Mitsch I 453) ausreichen.

> **Bsp:** *Wettprofi A besticht Schiedsrichter und Fußballspieler, um mit Hilfe derer Manipulationen entscheidenden Einfluss auf Spielergebnisse zu gewinnen. Mittels Sportwetten bei einem großen Wettanbieter gelingt es ihm, aufgrund des Insiderwissens erhebliche Geldbeträge einzustreichen. - Bei der Annahme der Sportwette gingen die Mitarbeiter des Wettanbieters aufgrund eines sachgedanklichen Mitbewusstseins davon aus, dass keine Manipulationen im Hinblick auf das wettgegenständliche Risiko zu Ungunsten des Wettunternehmens erfolgt sei. (BGH NJW 2007, 782 ,785, BGH wistra 2013, 186)).*

Ein Irrtum wird auch nicht dadurch ausgeschlossen, dass der Getäuschte noch Zweifel an der Richtigkeit seiner Vorstellung hat. Ausreichend ist, dass der Getäuschte trotz seiner Zweifel die unrichtigen Tatsachen zumindest für möglich hält und sich hierdurch zu seiner Vermögensverfügung motivieren lässt.

> **Bsp.:** *Der K hat sich auf den Verkauf gefälschter Antiquitäten spezialisiert. Er verkauft dem A einen angeblich 200 Jahre alten Schrank, der tatsächlich aber frisch produziert und nicht viel wert ist. A hat zwar einige Zweifel an der Echtheit, kauft aber dennoch, weil K einen günstigen Preis dafür macht. - Hier geht der Getäuschte trotz der Zweifel von der Echtheit des Schranks aus, unterliegt also einem Irrtum.*
>
> **Bsp.:** *Der Anlagenvermittler A bietet seinen Kunden Geldanlagen mit vollkommen irrealen und auf dem Kapitalmarkt nicht realisierbaren Renditen an.- Ein Irrtum des Anlegers liegt auch dann vor, wenn er an der Wahrhaftigkeit der Versprechungen zweifelt, gleichwohl aber die Vermögensverfügung trifft, weil er die Möglichkeit der Unwahrheit für geringer hält (OLG Stuttgart StV 2004, 325).*

Der Täter **erregt** einen **Irrtum**, wenn er die Fehlvorstellung des Opfers selbst verursacht oder zumindest mitverursacht. Befindet sich das Opfer bereits in einem Irrtum, so wird dieser **Irrtum** vom Täter **unterhalten**, wenn dieser das Opfer in seiner Fehlvorstellung bestärkt oder die Aufklärung des Irrtums erschwert oder verhindert.

Dies kann wiederum durch **positives Tun** und durch **Unterlassen** erfolgen. Nicht ausreichend ist das **bloße Ausnutzen** eines vorhandenen Irrtums, bei dem der Täter lediglich die Fehlvorstellung des Opfers vorfindet und stillschweigend auf sie eingeht, ohne zur Aufklärung verpflichtet zu sein.

Bsp.: Der A betritt in Arbeitskleidung die Geschäftsräume der Fa. X. Die Sekretärin S verwechselt ihn mit dem Boten der Fa. Y und händigt ihm versehentlich ein teures Gerät aus. A nimmt es schweigend entgegen. - Hier ist die S einem Irrtum erlegen, den der A aber nicht verursacht hat. A nutzt diesen Irrtum lediglich aus. Die bloße Entgegennahme des Geräts kann wohl nicht als konkludentes Verhalten zur Bestärkung eines vorhandenen Irrtums ausgelegt werden. Anhaltspunkte für eine Aufklärungspflicht des A ergeben sich hier nicht.

Klausurtipp

In derartigen Fällen ist sehr sorgfältig zu überprüfen, ob das Gesamtverhalten des Täters nicht als **konkludente Bestärkung eines vorhandenen Irrtums** ausgelegt werden muss oder ob sich Anhaltspunkte für eine **Aufklärungspflicht** und damit für eine **Täuschung durch Unterlassen** ergeben

Bsp.: Der B betritt in Arbeitskleidung die Geschäftsräume der Fa. X. Die Sekretärin S verwechselt ihn mit dem Boten der Fa. Y und fragt ihn, ob er das Gerät für die Fa. Y abholen wolle. B bejaht dies, zudem hält er mit der Hand an seiner Arbeitskleidung den Aufnäher seiner Firma zu, damit ihn die S nicht erkennen kann. - Hier irrt die S bereits, als der B zu ihr kommt. Der B verstärkt aber den Irrtum dadurch, dass er die Frage der S bejaht; außerdem verhindert er, dass sie an seinem Arbeitsanzug den Aufnäher einer anderen Firma sieht und damit ihren Irrtum erkennt. Eine Täuschung ist also gegeben.

Die Tatsachenbehauptungen, die der Täter aufstellt, müssen zudem objektiv geeignet sein, bei dem Erklärungsempfänger einen Irrtum herbeizuführen.

Wiederholungsfragen zum 4. Kapitel, 2. Teil

1. Wie definiert man den Irrtum?

Fehlvorstellung über Tatsachen.

2. Reicht es aus, wenn das Opfer sich überhaupt keine Vorstellung macht?

Nein. Der Irrtum setzt eine positive Fehlvorstellung über Tatsachen voraus.

3. Was ist unter dem „sachgedanklichen Mitbewusstsein" zu verstehen?

Es handelt sich um ein ständiges Begleitwissen, ein Bewusstsein am Rande der Vorstellung.

4. Wann reicht die Vorstellung des Opfers, es sei alles in Ordnung, aus?

Wenn sie sich auf konkrete Umstände und Verhältnisse bezieht, in deren Rahmen der vorgetäuschte Sachverhalt liegt.

5. Welcher Zusammenhang muss zwischen Irrtum und der Täuschung bestehen?

Kausalität (der Irrtum muss durch die Täuschung erregt oder unterhalten werden).

6. Kann ein Betrug auch verwirklicht werden, wenn sich das Opfer bereits in einem Irrtum befindet?

Ja, wenn der Täter den Irrtum unterhält.

7. Wann ist das der Fall?

Wenn dieser das Opfer in seiner Fehlvorstellung bestärkt oder die Aufklärung des Irrtums erschwert oder verhindert.

Vermögensverfügung des Getäuschten

Durch den Irrtum des Getäuschten muss dessen Vermögensverfügung veranlasst worden sein. Das ungeschriebene Tatbestandsmerkmal der Vermögensverfügung stellt also das Bindeglied zwischen dem Irrtum und dem Vermögensschaden dar.

> **Vermögensverfügung ist jedes durch den Irrtum ausgelöste Tun, Dulden oder Unterlassen des Getäuschten, das sich beim Geschädigten unmittelbar vermögensmindernd auswirkt.**

Die Vermögensverfügung kann durch jedes rechtsgeschäftliche oder tatsächliche, bewusste oder unbewusste Handeln, Dulden oder Unterlassen geschehen. Der Getäuschte muss unmittelbar - d.h. ohne zusätzliche deliktische Zwischenhandlungen des Täters - eine Vermögensminderung bei sich oder einem Dritten dadurch herbeiführen.

Grundvoraussetzung ist danach, dass der Getäuschte als „Werkzeug" des Täuschenden nach dessen Plänen die Vermögensminderung selbst bewirkt (sog. **Selbstschädigung**). Sein eigenes Verhalten muss für diese Minderung des Vermögens nicht nur mitursächlich, sondern der tragende Grund sein.

Bsp.: X spricht auf dem Bahnsteig den Reisenden R an und bittet ihn, einen Geldschein für den Zigarettenautomaten zu wechseln. Während R dem X das Geld wechselt, nutzt der Komplize des X, der Y, die Gelegenheit, den Koffer des R zu stehlen. - Zwar täuscht hier der X den R über die wahren Absichten. Der R verfügt auch, indem er Wechselgeld herausgibt. Der Schaden - Verlust des Koffers - tritt hier aber nicht ein aufgrund einer Verfügung des R, sondern aufgrund eines zusätzlichen deliktischen Verhaltens des Y.

Verfügung ist dabei **nicht zivilrechtlich** zu verstehen. Auch die Handlung eines Geschäftsunfähigen oder ein rein tatsächliches Verhalten kann ausreichen.

Bsp.: Der F hat auf der Parkbank eine Aktentasche gefunden. Der B sieht dies und macht dem F vor, er sei Eigentümer der Tasche. Der F gibt die Tasche dem B als dem vermeintlichen Eigentümer heraus. - Hier stellt das rein tatsächliche Verhalten des F, nämlich die Übergabe der Tasche an den B als vermeintlichen Eigentümer eine Vermögensverfügung dar, denn der F gibt den Besitz an der Tasche irrtumsbedingt auf.

Die Verfügung kann neben der Weggabe von Geld oder geldwerten Gegenständen auch im **Eingehen einer Verbindlichkeit** oder dem **Verzicht auf die Durchsetzung von Forderungen** bestehen.

Die **Vermögensverfügung** kann auch durch **Unterlassen** erfolgen.

Bsp.: Der A hat bei einem Verkehrsunfall schuldhaft das Fahrzeug des X beschädigt. A spiegelt ihm vor, ein fremdes Fahrzeug habe den Unfall verursacht. - Der X irrt hier darüber, dass sein Fahrzeug von A beschädigt worden ist und ihm infolgedessen ein Schadensersatzanspruch gegen den A zusteht. Er verfügt aufgrund dieses von A hervorgerufenen Irrtums über sein Vermögen, indem er diesen bestehenden Schadensersatzanspruch gegen A nicht geltend macht, also durch Unterlassen.

Verfügungsbewusstsein

Ein **Verfügungsbewusstsein** ist **nicht erforderlich**.

> *Bsp.: Der Zeitschriftenwerber W täuscht vor, eine Meinungsumfrage durchzuführen. Dabei nimmt er auch die Personalien des befragten X in ein Formular auf. Zum Schluss bittet er den X, das Formular zu unterschreiben. Er gibt dabei an, dass er das Formular nur für seinen Auftraggeber als Bestätigung für die durchgeführte Befragung benötige. In Wahrheit handelt es sich um ein Bestellformular für ein Zeitschriftenabonnement. - Hier ist sich der X gar nicht darüber im Klaren, dass er durch die Unterschrift eine Verbindlichkeit eingeht und damit eine Verfügung über sein Vermögen vornimmt. Er glaubt, lediglich eine für ihn unverbindliche Bestätigung zu unterschreiben. Dennoch liegt hier eine irrtumsbedingte Vermögensverfügung vor.*

Eine solche **unbewusste Vermögensverfügung** liegt auch dann vor, wenn ein Anspruch nicht geltend gemacht wird, weil dem Betroffenen seine Existenz durch die Täuschung verborgen geblieben ist.

> *Bsp.: Der A hat bei einem Verkehrsunfall schuldhaft das Fahrzeug des X beschädigt. Der X ist etwas kurzsichtig; A spiegelt ihm vor, es sei kein Schaden entstanden. - Die Täuschung des A bewirkt hier, dass dem X sein bestehender Anspruch gar nicht bewusst wird.*

> *Weiteres Bsp.: Die Kassiererin Z gibt dem Kunden K absichtlich zuwenig Wechselgeld heraus. Der K bemerkt dies nicht. - Konkludent spiegelt die Z dem Kunden K vor, ihm genügend Wechselgeld herauszugeben. Der K irrt, denn er macht sich die Vorstellung, es werde korrekt abgerechnet. Die Verfügung des K liegt darin, dass er es unterlässt, den korrekten Betrag von der Z zu fordern. Zwar merkt der K gar nicht, dass er verfügt, da ihm nicht aufgefallen ist, dass er zuwenig Geld erhalten hat. Aber auch eine unbewusste Verfügung reicht aus, um den Tatbestand des § 263 StGB zu erfüllen.*

Kausalität zwischen Irrtum und Verfügung

Die Vermögensverfügung muss irrtumsbedingt zustande gekommen sein. Entscheidend ist dabei, ob der Irrtum sich tatsächlich auf die Willensentschließung des Opfers ausgewirkt hat. Ob der Getäuschte auch ohne die Täuschung dieselbe Verfügung getroffen hätte, ist unbeachtlich.

> *Bsp.: Der Neffe N benötigt Geld. Er bittet seinen Onkel O um ein Darlehen und spiegelt ihm dabei wahrheitswidrig vor, ihm eine Rendite von 15 % zahlen zu können. O glaubt dies und gibt ihm das Darlehen. Als die Sache später auffliegt, erklärt der O, er hätte dem Neffen auch Geld geborgt, wenn dieser ihm die Wahrheit gesagt hätte. - Hier handelt der O bei der Auszahlung des Darlehens aufgrund der von N gemachten wahrheitswidrigen Angaben. Dass der O bei wahrheitsgemäßen Angaben die gleiche Verfügung getroffen hätte, bleibt als hypothetische Ersatzbedingung außer Betracht.*

Identität zwischen Getäuschtem und Verfügendem

Getäuschter und Verfügender müssen identisch sein, nicht aber Getäuschter und Geschädigter.

Bsp.: Die Eheleute M und F stehen am Marktstand auf einer Antiquitätenmesse. Der M sieht sich eine alte Vase an, von der der Händler behauptet, sie sei 100 Jahre alt und 300 EUR wert. M kann sich nicht entschließen und sucht weiter. Währenddessen kauft die F, die von diesem Gespräch nichts mitbekommen hat, die Vase zum Preise von 300 EUR. In Wahrheit ist die Vase nur 10 Jahre alt und wertlos. - Hier ist der M getäuscht worden; er hat aber keine Verfügung getroffen. Durch Ankauf der Vase gegen Zahlung von 300 EUR hat die F verfügt, die aber nicht getäuscht worden ist. Es liegt kein Betrug vor.

Weiteres Bsp.: Der M kauft die Vase für die F und verwendet zur Bezahlung das Geld der F. - Hier hat der M aufgrund der Täuschung des Händlers verfügt, allerdings über das Vermögen der F. Das ist aber unschädlich, da Verfügender und Geschädigter nicht identisch sein müssen (Einzelheiten siehe unten zum Stichwort „Dreiecksbetrug").

Unmittelbar vermögensmindernde Wirkung

Vermögensverfügung ist nur ein Verhalten, das unmittelbar zu einer Vermögensminderung geführt hat. Das irrtumsbedingte Verhalten des Getäuschten muss also - aufgrund des Charakters eines Selbstschädigungsdeliktes - zu der Vermögensminderung geführt haben, ohne dass es dafür noch zusätzlicher deliktischer Zwischenhandlungen des Täters bedarf. Nicht ausreichend ist, dass der Getäuschte aufgrund des Irrtums dem Täter erst die Möglichkeit verschafft, den Schaden durch eine weitere deliktische Handlung herbeizuführen.

Bsp.: A kauft in einem großen Elektrosupermarkt einen teuren Laptop. Der Angestellte B sieht dies und folgt A bis zu dessen Wohnung. Er klingelt und gibt sich als Vertreter der Hausverwaltung aus, der dringend den Boiler im Bad kontrollieren müsse. A gewährt ihm Zutritt zur Wohnung, weil er den Worten des B Glauben schenkt. In einem unbeobachteten Moment begibt sich B ins Wohnzimmer, nimmt den Laptop an sich und verschwindet. - Hier liegt sicherlich eine Täuschungshandlung vor, die jedoch noch nicht unmittelbar zu einer Vermögensverfügung führt. A verschafft B erst die Möglichkeit, ihn durch ein weiteres deliktisches Verhalten zu schädigen

Verfügung bei Irrtum und Drohung

Abgrenzungsfragen ergeben sich dann, wenn der Täter nicht nur mit einer Täuschung, sondern zusätzlich mit Mitteln der Drohung arbeitet. In diesen Fällen liegt immer ein Irrtum vor, fraglich ist aber, ob dabei wegen des vom Täter hervorgerufenen Zwangs nicht eine Verfügung des Opfers zu verneinen ist, die auf Täuschung und Irrtum beruht.

Es ist dabei wie folgt zu **differenzieren:**

1. Dient die Täuschung lediglich dazu, die zugleich angewandte Drohung überhaupt ausführbar oder gefährlicher erschienen zu lassen, so hat die Täuschung keine eigenständige Bedeutung, sondern geht in der Drohung auf, die ihrerseits überwiegt. Dazu wird entweder bereits der Tatbestand des § 263 StGB verneint oder aber man lässt § 263 StGB im Wege der Gesetzeskonkurrenz zurücktreten.

2. Überwiegt dagegen die Täuschung, so liegt § 263 StGB vor.

Bsp.: Der A liest in der Zeitung, dass die Ehefrau des Millionärs M entführt worden ist. Er will daraus Kapital schlagen, meldet sich per Telefon bei M und täuscht vor, der Entführer zu sein. Der M zahlt dem A das geforderte Lösegeld. - Bilden Drohung und Täuschung selbständige und gleichrangige Mittel der Willensbeeinflussung, so kann Betrug in Tateinheit mit Erpressung (§ 253 StGB) oder Nötigung (§ 240 StGB) verwirklicht sein.

Bsp.: Der Privatmann X hält den Autofahrer A an und gibt sich als Zivilstreife der Polizei aus. Er behauptet, er habe gemessen, dass A 10 km/h zu schnell gefahren sei. Er droht dem A, er werde eine höhere Geschwindigkeitsüberschreitung in das Protokoll einsetzen, so dass für A ein Fahrverbot herauskomme, wenn der A die Sache nicht durch Zahlung von EUR 100 an X privat aus der Welt schaffe. A zahlt, weil er glaubt, der X könne eine entsprechende Manipulation zu seinem Nachteil erfolgreich durchführen. - Hier sind sowohl die Täuschung der Messung als auch die Drohung mit der Manipulation erforderlich, um den A zur Zahlung zu veranlassen.

Abgrenzung von Diebstahl und Sachbetrug

Diebstahl (Tatbestandsmerkmal: Wegnahme) und Betrug (Tatbestandsmerkmal: Vermögensverfügung) schließen sich aus. Eine Tathandlung kann daher bezüglich derselben Sache immer nur einen der beiden Tatbestände verwirklichen. Die **Abgrenzung** erfolgt dabei **nach der inneren Willensrichtung des Opfers**.

> **Will das Opfer Alleingewahrsam übertragen, liegt eine Vermögensverfügung (=Betrug) vor.**

> **Erfolgt der Gewahrsamswechsel gegen den Willen, so liegt eine Wegnahme (=Diebstahl) vor.**

Die Täuschung wird dabei oft eingesetzt, um die Wegnahme zu erleichtern (sog. **Trickdiebstahl**).

Bsp.: Die Großmutter G will mit der Bahn ihren Enkel besuchen. Als sie am Zielbahnhof ankommt, will sie den Koffer erst einmal im Schließfach einschließen. Sie trifft den freundlichen H, der ihr helfen will, den schweren Koffer in das Schließfach zu heben. G gibt ihm den Koffer; H stellt den Koffer in das Fach. Dann händigt er der G unbemerkt einen Schlüssel aus, der zu einem anderen Fach gehört. Den richtigen Schlüssel steckt er ein. Später holt der H den Koffer aus dem Schließfach und verschwindet damit. - Die G hat den Koffer nicht willentlich an den H übertragen, hat also keine Vermögensverfügung getätigt. Sie hat lediglich die Hilfe des H in Anspruch genommen, um den Koffer in das Schließfach zu heben. Durch das Einschließen des Koffers in das Fach liegt allenfalls eine Gewahrsamslockerung vor. Der H hat lediglich durch seine Täuschung eine Situation geschaffen, die es ihm ermöglichte, den Koffer wegzunehmen. Es liegt Diebstahl und kein Betrug vor.

Bsp.: Antiquitätenhändler A bekommt Besuch von B. Aufgrund dessen forschen Auftretens als „Kommissar" übergibt A dem B auch die Brosche, die – so erklärt B überzeugend – gestohlen ist und nunmehr beschlagnahmt wird. - Durch diese freiwillige Aushändigung des A liegt eine Vermögensverfügung vor. A duldet die Beschlagnahme.

Weiteres Bsp.: Die K lässt sich von der Verkäuferin in der Boutique eine Hose aushändigen, um sie anzuprobieren. In der Umkleidekabine probiert sie die Hose an und zieht danach ihre weite Jogginghose wieder über. Dann verlässt sie den Laden. - Die K hat hier der Verkäuferin Kaufinteresse vorgetäuscht und so die Übergabe der Hose - möglicherweise also eine Verfügung - veranlasst. Aber der Schaden ist nicht bereits durch das Aushändigen der Hose eingetreten, sondern erst dadurch, dass die K den Laden mit der Hose verlässt. Die täuschungsbedingte Übergabe der Hose hat also lediglich eine Gewahrsamslockerung bewirkt, die die K dann dazu nutzt, die Hose wegzunehmen. Es liegt folglich ein Diebstahl und kein Betrug vor.

Weiteres Bsp.: Der D legt im Selbstbedienungsladen eine Zeitschrift unter einen großen Sack mit Blumendünger in den Einkaufswagen. Er geht dabei davon aus, dass diese Zeitschrift an der Kasse übersehen wird. An der Kasse bezahlt er nur den Dünger und verlässt das Geschäft. - Fraglich ist hier, ob die Kassiererin über die Zeitschrift verfügt. Denkbar wäre es, bereits das Passieren der Kasse mit versteckter Ware als Verfügung anzusehen (so OLG Düsseldorf NJW 1993, 1407). Der Verfügungswille muss jedoch ausreichend konkretisiert sein. Dies geschieht erst dadurch, dass an der Kasse der Preis der Ware durch Eintippen oder Scanner erfasst wird. Demnach kann bei versteckten Waren keine Verfügung erfolgen (BGH NJW 1995, 3129; Zopfs NStZ 1996, 190; Brocker JUS 1994, 919). Es liegt also kein Betrug sondern Diebstahl vor.

Weiteres Bsp.: A hat sich im Baumarkt eine besondere Lampe ausgesucht, die er auch bezahlen will. Da ihm aber die dazugehörigen Birnen sehr teuer vorkommen, legt er die erforderlichen Birnen in den Lampenkarton mit ein. Die Kassiererin rechnet nur die Lampe ab. - Die Kassiererin verfügt über das gesamte Paket, also die Lampe. Sie verfügt aufgrund der Täuschung auch über das Lampenzubehör. Es liegt also ein Betrug vor.

1. Wie definiert man die Vermögens-verfügung?

Eine Vermögensverfügung ist jedes rechtsge-schäftliche oder tatsächliche, bewusste oder unbewusste Handeln, Dulden oder Unter-lassen, durch das der Getäuschte unmittelbar eine Vermögensminderung bei sich oder einem Dritten herbeiführt.

2. Welche Beziehung besteht zwischen Irrtum und Verfügung?

Die Vermögensverfügung des Getäuschten muss durch dessen Irrtum bewirkt worden sein, es muss also Kausalität zwischen Irrtum und Verfügung bestehen.

3. Was ist mit der Unmittelbarkeit der Verfügung gemeint?

Die Verfügung selbst muss unmittelbar - d.h. ohne zusätzliche deliktische Zwischenhand-lungen des Täters – vermögensmindernde Auswirkungen haben.

4. Ist Verfügungsbewusstsein erforder-lich?

Nein, der Getäuschte muss nicht erkennen, dass er über sein Vermögen verfügt.

5. Kann der Getäuschte eine andere Person als der Verfügende sein?

Nein, es ist Personenidentität zwischen Ge-täuschtem und Verfügendem erforderlich.

6. Wann ist aus § 263 StGB zu bestrafen, wenn Täuschung und Drohung zu-sammenfallen?

Wenn die Täuschung überwiegt, kommt allein § 263 StGB zur Anwendung.

7. Wie erfolgt die Bestrafung, wenn die Drohung überwiegt?

Wenn die Täuschung nur dazu dient, die Drohung überhaupt glaubhaft zu machen, so kommt nur das Drohungsdelikt (Erpressung, räuberische Erpressung) zur Anwendung.

8. Wie, wenn Täuschung und Drohung gleichgewichtig nebeneinander stehen?

Es liegt Tateinheit zwischen § 263 StGB und dem Drohungsdelikt vor.

9. Können Diebstahl und Betrug zusammen vorliegen?

Nein, Diebstahl und Betrug durch die gleiche Tathandlung und bzgl. des gleichen Gegen-standes schließen sich aus. Denn die Tat-handlung ist entweder eine Wegnahme oder eine Verfügung!

10. Wie werden in diesem Fall Diebstahl und Betrug voneinander abgegrenzt?

Eine Vermögensverfügung und damit Betrug liegt vor, wenn das Opfer willentlich Alleinge-wahrsam überträgt. Erfolgt der Gewahrsams-wechsel aber gegen den Willen, so ist eine Wegnahme und damit Diebstahl gegeben. Die Abgrenzung erfolgt also nach der inneren Willensrichtung des Opfers.

Vermögensschaden des Geschädigten

Das Ergebnis der Vermögensverfügung ist der **Vermögensschaden** des **Getäuschten oder eines Dritten**. Dabei muss dieselbe Verfügung, die den Täter oder einen Dritten bereichern soll, den **Schaden unmittelbar** herbeiführen.

> **Ein Vermögensschaden liegt dann vor,**
> **wenn das Gesamtvermögen des Geschädigten**
> **nach der Verfügung geringer ist als vor der Verfügung.**

Theorien zum Vermögensbegriff

Im Rahmen des Vermögensbegriffes werden verschiedene Meinungen vertreten.

Nach der heute nicht mehr vertretenen **juristischen Vermögenslehre** war Vermögen die Summe aller Vermögensrechte - wobei es eben nicht zwingend auf deren wirtschaftlichen Wert ankommt.

Die vom BGH und Teilen der Literatur vertretene rein **wirtschaftliche Vermögenstheorie** definiert das Vermögen als

> **die Summe aller wirtschaftlichen (geldwerten) Güter**
> **einer natürlichen oder juristischen Person**
> **nach Abzug der Verbindlichkeiten**

So aus der Rechtsprechung: BGH NJW 1970, 1932 OLG Düsseldorf NJW 1994, 3367; KG NJW 2001, 86, BGH JR 03, 162

Nach der **juristisch-ökonomischen Vermögenstheorie** zählen zum Vermögen einer Person

> **alle Wirtschaftsgüter, die einen wirtschaftlichen Wert haben**
> **und unter dem Schutz der Rechtsordnung stehen**

Vgl. LK-Tiedemann § 263 Rn 132 Sch-Sch-Cramer/Perron, § 263, Rdnr. 82 ff mwN.

Beide Ansichten fordern eine Zugehörigkeit zum Wirtschaftsverkehr.

Danach zählen Geldbußen, Geldstrafen, Verwarnungsgelder oder Geldauflagen nicht zum geschützten Vermögen.

Ferner wird vorausgesetzt, dass auch ein wirtschaftlicher Wert zugrunde liegt.

Folge: sämtliche dinglichen Rechte, der redliche Besitz, das Anwartschaftsrecht, alle schuldrechtlichen Ansprüche, Arbeitskraft (soweit sie üblicherweise nur gegen Entgelt erbracht wird) und konkrete Erwerbsaussichten sind beachtliche Vermögenspositionen.

Dagegen ist die Behandlung rechtlich missbilligter Positionen sehr **umstritten**.

Hinweis: die früher hier eingeordneten Fälle des Prostituiertenbetrugs, haben durch die Legalisierung der Prostitution (s. § 1 ProstG seit dem 01.01.2002) keine Bedeutung mehr. Sie werden wie ganz normale "Vertragsfälle" behandelt.

Es geht hier um den sog. Ganovenbetrug und vergleichbare Fälle.

Bsp.: *Der Dieb D hat im Baumarkt einen Bandschleifer gestohlen. Kunde K, der das gesehen hat, spricht den D nach Verlassen des Marktes an und gibt sich als zuständiger Warenhausdetektiv aus. Er fordert den D zur Herausgabe der Maschine auf. - Hier sieht die wirtschaftliche Vermögenslehre wegen der Verfügungsgewalt des D über den Schleifer dessen Besitz als Vermögen an. Innerhalb der juristisch-ökonomischen Theorie wird teilweise der Besitz des D unter Hinweis auf §§ 858, 859 BGB als geschütztes Vermögen, teilweise - da deliktisch erlangter Besitz - nicht als geschützt angesehen.*

Weiteres Bsp.: *X verkauft dem Rauschgiftsüchtigen R ein Tütchen, in dem sich angeblich Heroin befindet. Tatsächlich ist darin nur eine wertlose Substanz. - Bei derartigen „Ganovenbetrügereien" wird teilweise Betrug bejaht mit der Begründung, das Opfer habe „gutes Geld für wertlose Sachen" weggegeben. Die Gegenansicht geht davon aus, dass durch den Gesetzesverstoß der Schutz des eingesetzten Vermögens erloschen sei.*

Weiteres Bsp.: *Der A kauft vom X ein Radio, ohne zu wissen, dass dieses Radio unterschlagen ist. - Fraglich ist hier, ob ein Betrug des X vorliegt. Entscheidend ist hierfür, ob dem A, der über die Eigentumslage getäuscht worden ist, ein Schaden erwachsen ist. Da der A gutgläubig war, hat er es wirksam von X als Nichtberechtigtem gem. §§ 929, 932 BGB erworben. Dem steht auch § 935 BGB nicht entgegen, da das Radio nicht gestohlen, sondern unterschlagen worden und damit nicht abhanden gekommen ist iSd § 935 BGB. Nach Ansicht des Reichsgerichts ist der gutgläubige Erwerb einer durch eine Straftat erlangten Sache mit einem sittlichen Makel behaftet, der als Schaden iSd § 263 StGB ausreicht (Makeltheorie). Demgegenüber geht der BGH von einer wirtschaftlichen Betrachtungsweise aus. Danach besteht ein Vermögensschaden nur dann, wenn die konkrete Gefahr vorhanden ist, vom ursprünglichen Eigentümer in Anspruch genommen zu werden. Hierfür müssen aber im Sachverhalt greifbare Anhaltspunkte vorhanden sein.*

Vermögensschaden und Vermögensgefährdung

Ob ein Schaden eingetreten ist, wird durch **Vergleich der Vermögenslage vor** und **nach** der vom Getäuschten vorgenommenen **Verfügung** festgestellt (Gesamtsaldierung). Hierbei sind Vermögensverluste und Vermögenszuwächse zu berücksichtigen. Wenn eine nachteilige Vermögensdifferenz eingetreten ist, liegt ein Schaden vor.

Bsp.: *Der Kunstsammler X kauft beim Händler H ein Bild, wobei der H ihm versichert, es handele sich um einen echten Picasso. Ein entsprechender Preis wird gezahlt. In Wirklichkeit ist das Bild wertlos. - Hier hat der X den Kaufpreis an den H gezahlt, ohne ein entsprechendes Äquivalent hierfür zu erhalten. Es ist also durch die Verfügung eine nachteilige Vermögensverschiebung eingetreten, so dass ein Schaden zu bejahen ist.*

Es handelt sich hier um einen Vertrag, der den gegenseitigen Austausch von Leistungen zum Gegenstand hat. Ein Vergleich der Vermögenslage vor und nach der Verfügung ergibt, dass der Vermögensminderung kein Ausgleich in Form eines vermögenswerten Äquivalentes gegenüber steht (BGH NJW 2006, 1679 (1681)).

Betrug ist eine Vermögensstraftat. Nicht die Täuschung an und für sich, sondern die vermögensschädigende Täuschung ist strafbar. Es fehlt daher am Schaden, wenn im Rahmen dieser Gesamtsaldierung zum Zeitpunkt der Verfügung eine ausreichende Deckung auf Seiten des Geschädigten vorhanden ist.

Bsp.: *Der A spiegelte der X-Bank wahrheitswidrig vor, neben seinem laufenden Einkommen weitere Mieteinnahmen in beträchtlicher Höhe zu erzielen und bekam so einen Kredit in Höhe von 200.000 EUR bewilligt. Zur Sicherung des Kredits bestellte er an seinem Grundstück eine Buchgrundschuld in gleicher Höhe. Das Grundstück hatte einen Wert von 400.000 EUR und war sonst nicht belastet. - Der Bundesgerichtshof hat hier einen Vermögensschaden abgelehnt, weil die X-Bank mit der Buchgrundschuld über eine Sicherheit verfügt, die den Kreditbetrag einschließlich geschuldeter Zinsen voll abdecke und die sie ohne finanziellen und zeitlichen Aufwand sofort nach Fälligkeit realisieren könne. (BGH StV 2000, 478-479).*

Gegenbeispiel: *Ein Vermögensschaden kann bei einem Eingehungsbetrug aber dann vorliegen, wenn - wie vom Täter gewollt - das Opfer vorleistet und damit eine Sicherung für die Realisierung des eigenen Anspruchs aufgibt.*

Dabei kommt es auf die Wertverhältnisse zur Zeit der Verfügung an. Spätere Wertveränderungen sind unbeachtlich.

Bsp.: *Der Unternehmer U täuscht der Bank hohe regelmäßige Einkünfte vor und bekommt so einen Kredit in Höhe von 200.000 EUR ausgezahlt. Er verpfändet zur Sicherheit für den Kredit ein Aktiendepot, das einen Kurswert von 500.000 EUR hat. Einige Wochen später kommt es zum Börsencrash, der Depotwert fällt auf 25.000 EUR. - Im - allein entscheidenden - Zeitpunkt der Verfügung war der Kredit durch die Sicherheiten gedeckt (BGH StV 2000, 478-479).*

Kein Schaden liegt vor, wenn eine nur erwartete Vermögensvermehrung ausbleibt.

Bsp.: *Der Finanzmakler F vermittelt dem Kunden K ein Paket Aktien, wobei er dem K wahrheitswidrig große Steigerungsraten des Aktienkurses vortäuscht. K zahlt den aktuellen Marktpreis für die Aktien. Der von ihm erwartete Kursanstieg der Aktien bleibt aus, aber die Aktien halten ihren Wert. - Der K verband mit dem Geschäft lediglich die Hoffnung auf eine Steigerung des Aktienkurses. Er erwartete also eine Vermögensmehrung, die aber nicht eingetreten ist. Darin liegt kein Schaden im Sinne des § 263 StGB.*

Auch die **Erbaussichten** gesetzlicher oder testamentarisch eingesetzter Erben stellen zu Lebzeiten des Erblassers in aller Regel keine zu dem von § 263 StGB geschützten Vermögen gehörende Erwerbsposition dar (OLG Stuttgart NStZ 1999, 246).

Der Schaden kann auch darin bestehen, dass die **eigene Arbeitskraft des Geschädigten** ausgenutzt wird. Die Möglichkeit, die eigene Arbeitskraft zur Erbringung von Dienstleistungen einzusetzen, gehört dann zum strafrechtlich geschützten Vermögen, wenn solche Leistungen üblicherweise nur gegen Entgelt erbracht werden. Bei Dienstleistungen liegt also der Vermögensschaden darin, dass die Leistung erbracht wird, ohne das volle Entgelt dafür erhalten zu haben. Für die Höhe des Schadens ist auf das positive Interesse, das sog. Erfüllungsinteresse, also auf die Höhe des zustehenden Anspruchs abzustellen (BGH wistra 2002, 138). Ein Arbeitgeber, der Mitarbeiter einstellt, ohne sie ausreichend bezahlen zu können, kann sich deshalb wegen Betruges strafbar machen, wenn ihm die eigene Leistungsunfähigkeit bewusst ist. Unerheblich ist hierbei, ob der betroffene Arbeitgeber die Möglichkeit gehabt hätte, seine Arbeitskraft anderweitig Gewinn bringend einzusetzen.

Vgl. BGH U. v. 18.1.2001 - 4 StR 315/00 wistra 2001, 145

Erfolgt die Verwendung der Arbeitskraft jedoch allein zu verbotenen oder sittenwidrigen Absichten, so liegt keine vermögenswerte Ausnutzung vor. Es fehle dann an einer Vermögensverfügung sowie an einem auf eine Vermögensverfügung zurückzuführenden Schaden (Schönke-Schröder-Cramer/Perron § 263 Anm. 97).

Bei der Gesamtsaldierung nicht zu berücksichtigen sind Ansprüche des Opfers auf **Schadensersatz** oder **Rückabwicklung des Geschäfts, die ihm aus Anfechtungs- oder Bereicherungsforderungen zustehen und die sich gerade aus der Täuschung ergeben haben.**

> *Bsp.: Der A verkauft dem B einen Gebrauchtwagen zum Preise von 4.000 EUR mit der Behauptung, das Fahrzeug sei unfallfrei. In Wahrheit ist das Fahrzeug aufgrund eines Unfalls schrottreif und nur noch 200 EUR wert. - Hier kann der B den Kaufvertrag zwar wegen arglistiger Täuschung anfechten und so einen Anspruch auf Rückgewähr des gezahlten Kaufpreises erlangen. Ein Schaden iSd § 263 StGB ist dennoch aufgrund der irrtumsbedingten Verfügung des B und der daraus folgenden aktuellen Vermögensminderung eingetreten.*

Die **konkrete Vermögensgefährdung** wird der Vermögensminderung gleichgestellt, wenn sie bei wirtschaftlicher Betrachtung bereits eine **Entwertung der gegenwärtigen Vermögenslage** bedeutet (BGHSt 23, 300).

> *Bsp.: Der A schuldet dem B Geld, das zum 1.3. zurückzuzahlen ist. Er täuscht dem B vor, das Geld liege derzeit in einer attraktiven Geldanlage fest und bittet ihn um eine Stundung bis zum 1.8.; B willigt ein. Zum 1.8. ist A nicht mehr zahlungsfähig. - Hier war der A zum ursprünglichen Fälligkeitstag noch zahlungsfähig, nicht aber zum späteren Termin. Die Durchsetzung der Forderung ist zumindest deutlich erschwert, so dass eine konkrete Vermögensgefährdung zu bejahen ist.*

Eingehungsbetrug und Erfüllungsbetrug

Ein **Eingehungsbetrug** liegt vor, wenn schon in der Eingehung einer rechtlichen Verpflichtung ein Schaden zu sehen ist. Um einen Schaden feststellen zu können, müssen die beiderseits eingegangenen, vertraglichen Verpflichtungen miteinander verglichen werden. Dabei ist ein **Vermögensschaden** dann gegeben, wenn

> **der Anspruch des Geschädigten im Wert hinter der von ihm übernommenen Verpflichtung zurückbleibt.**

In diesem Fall liegt ein **vollendeter Betrug** bereits zum Zeitpunkt des Vertragsschlusses vor, auch wenn es später nicht mehr zum Austausch der Leistungen gekommen ist, da bereits zu dieser Zeit eine konkrete Vermögenseinbuße zumindest in Form einer schadensgleichen Gefährdung gegeben ist.

> *Bsp.: Der Antiquitätenhändler A verkauft dem Kunden K ein antikes Schachspiel. Dabei täuscht er dem K vor, es handele sich bei den Figuren um handgeschnitzte Unikate. Vereinbarungsgemäß wird das Spiel erst zwei Wochen später geliefert und bezahlt. - Hier liegt bereits im Zeitpunkt des Vertragsschlusses ein vollendeter Betrug in Form des*

Eingehungsbetruges vor, da bereits durch die vertraglich übernommenen Verpflichtungen ein Schaden beim Käufer K entstanden ist. Die Lieferung des Schachspiels und die Bezahlung stellt dann lediglich eine Vertiefung des bereits eingetretenen Schadens dar und ist allenfalls als mitbestrafte Nachtat zu bewerten.

Eine konkrete Vermögensgefährdung kann ausgeschlossen sein, wenn mit dem Vertragsschluss eine von Anfang an gegebene Stornierungsbereitschaft des Begünstigten verbunden ist und die Stornierungsbereitschaft vom Begünstigten in zumutbarer Weise wahrgenommen werden kann. Ist dies der Fall, liegt keine Vermögensgefährdung vor, es kommt nur versuchter Betrug in Betracht.

Wird vor der Leistungserbringung eine Überlegungs- und Entscheidungsfrist im Rahmen eines vertraglichen Rücktrittsrechts gewährt, ist in aller Regel eine zum Schaden führende konkrete Vermögensgefährdung für die Dauer des Rücktrittsrechts ausgeschlossen. Ähnliches gilt für die gesetzlichen Rücktritts-, Widerrufs- und Rückgaberechte.

Einen **Sonderfall des Eingehungsbetruges** stellt der **Anstellungsbetrug** dar, in dem jemand durch eine Täuschung eine öffentlich-rechtliche oder privatrechtliche Anstellung erschleicht. Die Täuschungshandlung liegt meist in falschen Angaben zur Person des Einzustellenden oder seiner Qualifikation. Eine Vermögensgefährdung liegt dann vor, wenn die vom Arbeitgeber zu erbringenden finanziellen Leistungen (= Lohn, Vergütung) die vom Verpflichteten zugesagten Dienste wertmäßig übersteigen.

Unterschieden wird hinsichtlich der **Art der Anstellung**. Bei einer Anstellung durch Private kann eine Vermögensgefährdung angenommen werden, wenn die Entlohnung für besondere Qualifikationen, Vertrauenswürdigkeit oder Zuverlässigkeit erfolgen soll, der Verpflichtete diese aber nicht erfüllt. *(z.B.: LKW-Fahrer täuscht bei einem Spediteur vor, er besitze die notwendige Qualifikation für Gefahrguttransporte, bzw. besitze einen Personenbeförderungsschein)*

Zum Unterschied bei privatrechtlichen und öffentlich-rechtlichen Anstellungen:

Lackner/Kühl, § 263 Rdn 52;

Zur Frage des Verschweigens von Vorstrafen:

BGHSt 17, 254, 258 ff; Sch/Sch-Cramer/Perron § 263 Rn 154.

Beim **Erfüllungsbetrug** werden die vom Geschädigten in Wirklichkeit geschuldeten und die tatsächlich von ihm erbrachten Leistungen verglichen. Ein Erfüllungsbetrug liegt dementsprechend nur dann vor, wenn

> **der Nachteil erstmalig bei der Vertragsabwicklung -**
> **also der Erfüllung - eintritt.**

Der Betrug ist hier vollendet, wenn der Inhaber des Anspruchs infolge des Irrtums zur Annahme einer Leistung veranlasst wird, die im Verhältnis zur vertraglich geschuldeten Leistung minderwertig ist.

Bsp.: *Bauer B vereinbart mit dem Händler H eine Lieferung Kartoffeln 1. Wahl. Die Ware soll 2 Wochen später geliefert werden. Bei Lieferung füllt der Bauer B seinen Wagen mit Kartoffeln minderwertiger Qualität und legt lediglich eine Schicht bester Qualität zur Abdeckung darüber. - Hier tritt der Nachteil erstmals bei der Vertragsabwicklung ein, indem der B nicht die geschuldete Qualität, sondern eine minderwertige Ware liefert.*

Der persönliche Schadenseinschlag

In gewissen Grenzen ist die Berücksichtigung der konkreten wirtschaftlichen Verhältnisse des Betroffenen geboten (sog. persönlicher Schadenseinschlag)

Ein Schaden liegt danach auch vor, wenn

einer Leistung des Betroffenen zwar eine gleichwertige Gegenleistung gegenübersteht, diese aber für den Betroffenen nicht in vollem Umfang für den vertraglich vorausgesetzten Zweck brauchbar ist.

Ausreichend ist, dass er die Leistung auch nicht in anderer Weise zumutbar verwenden, also z.B. ohne besondere Schwierigkeiten wieder veräußern kann.

Bsp.: Buchhändler H täuscht dem Studenten S vor, in einer Anfängerübung werde vom Professor ein bestimmtes Buch vorausgesetzt, das S unbedingt kaufen müsse. In Wahrheit handelt es sich bei dem Buch um eine selten benötigte Monographie, die der H aus seinem Lagerbestand loswerden wollte. - Hier erhält der S ein Buch, das grundsätzlich eine dem Kaufpreis angemessene Leistung darstellt. Allerdings wird dieses Buch nicht, wie S glaubt, in der Übung vorausgesetzt. Auch anderweitig ist das Buch nicht verwendbar und auch der Verkauf zum Anschaffungspreis ist wohl kaum möglich.

Wenn der Getäuschte infolge der Verpflichtung nicht mehr über die finanziellen Mittel verfügen kann, die für seine Wirtschafts- und Lebensführung unverzichtbar sind, kann ebenfalls ein persönlicher Schadenseinschlag gegeben sein. Abzustellen ist dabei auf seine persönlichen und finanziellen Verhältnisse.

Bsp.: Handelsvertreter H verkauft dem Sozialhilfeempfänger S ein teures mehrbändiges Lexikon zu hohen monatlichen Raten. S muss sich die Raten vom Munde absparen und jeden Tag auf eine Mahlzeit verzichten. - Auch hier entspricht die Leistung - das Lexikon - dem Kaufpreis. Allerdings kann der S aufgrund der Verpflichtung für die Ratenzahlungen nicht mehr über die Mittel verfügen, die er zur Deckung seiner - ohnehin bescheidenen - angemessenen Lebensführung benötigt, daraus folgt der Schaden des S.

Ein Schaden kann sich auch ergeben, wenn der Getäuschte durch die täuschungsbedingt übernommene Verpflichtung zu weiteren vermögensschädigenden Maßnahmen gezwungen wird.

Bsp.: X ist Verkäufer für Melkmaschinen. Eines Tages kommt er zum Kleinbauern K, der über 3 Kühe verfügt. Er verkauft dem K eine Melkmaschine, wobei er ihm vorspiegelt, es handele sich um ein besonders günstiges Sonderangebot. K kann die vereinbarten Kaufpreisraten nicht zahlen und muss zwei seiner Kühe verkaufen. - Auch hier ist die Leistung - die Melkmaschine - ihren Preis wert. Weil K infolge dieser Verpflichtung zwei Kühe verkaufen muss, liegt eine vermögensschädigende Maßnahme vor.

Die Zweckverfehlung als Vermögensschaden

Gibt der Getäuschte ohne rechtliche Verpflichtung bewusst einen Vermögenswert ganz oder teilweise ohne Entgelt weg, kommt es für die Annahme eines relevanten Schadens iSd § 263 StGB darauf an, ob **der mit der Aufwendung verfolgte Zweck verfehlt** wurde. Damit wird das in diesen Fällen fehlende Merkmal der bewussten Selbstschädigung quasi ersetzt. Eine solche **Zweckverfehlung** liegt also vor, wenn

> **die Leistung des Getäuschten an bestimmte Zielsetzungen gebunden ist und der Täuschende wahrheitswidrig vorgibt, dass gerade dieser Zweck erreicht werde.**

Bsp.: X sammelt angeblich für die Suppenküche der hiesigen Bahnhofsmission, verwendet die gesammelten Spenden aber ausschließlich für sich. Ein Vermögensschaden ist deshalb zu bejahen, weil der mit der Spende verfolgte soziale Zweck nicht erfüllt wird. BGH wistra 2014, 33

Weiteres Bsp.: A ist Sammler einer Wohlfahrtsorganisation. Er geht von Haus zu Haus und legt den möglichen Spendern eine Liste vor, in denen mit Namensangabe des Spenders der Betrag eingetragen wird. Um die Spendenfreude etwas zu heben, verändert A die Eintragungen der Beträge in der Liste. Während die Spender tatsächlich Beträge zwischen 1,- und 2,- € gegeben haben, weist die Liste jetzt Spenden von 5,- € und 10,- € auf. Spender S will eigentlich nur 1,- € geben, befürchtet aber, vor seinen Nachbarn als knauserig zu erscheinen. So zahlt er 5,- €, die der A auch an die Wohltätigkeitsorganisation abführt. - Der Irrtum des S bezieht sich hier nicht auf den sozialen Zweck, der tatsächlich erreicht wird. S irrt darüber, dass seine Nachbarn mehr gegeben haben. Er verfolgte damit den Zweck, vor den Nachbarn nicht als geizig zu erscheinen. Seinem Handeln lag somit lediglich ein Motivirrtum zugrunde. Dieses sog. Affektionsinteresse wird von § 263 StGB nicht geschützt.

Der Dreiecksbetrug

Ein sog. Dreiecksbetrug liegt vor, wenn der Täter jemanden täuscht, der daraufhin irrtumsbedingt über das Vermögen eines Dritten verfügt.

Beim Dreiecksbetrug fallen demnach Getäuschter und Geschädigter auseinander. Entscheidend für die rechtliche Beurteilung ist, **in welchem Verhältnis Verfügender und Geschädigter stehen.**

Betrug liegt vor, wenn zwischen Verfügendem und Geschädigtem ein besonderes Näheverhältnis besteht. Streitig ist jedoch, wann ein solches gegeben ist.

Nach der sog. **Ermächtigungstheorie** ist entscheidend, ob der Verfügende ausdrücklich, stillschweigend oder auch nur dem Anschein nach rechtlich ermächtigt ist.
(So z.B. Roxin/Schünemann JUS 1969, 374, 375; SK-Hoyer § 263 Rn 142).

Bsp.: *B sieht, wie der Ladeninhaber L das Gebäude der Hauptpost betritt. Sofort begibt er sich in das Geschäft des L und erklärt gegenüber dem Angestellten A, er habe L bei der Post getroffen und bei diesem den Preis für eine Bohrmaschine Marke x bar bezahlt. Gemeinsam habe man vereinbart, dass A dem B die Bohrmaschine der Marke x im Geschäft aushändigen solle. A, der weiß, dass L zur Post gegangen ist, hält die Geschichte für wahr und übergibt die Bohrmaschine an B. – Getäuschter und Verfügender in einer Person war hier A, während der Schaden bei L eingetreten ist. Gemäß § 56 HGB war A auch zur Übergabe befugt. Ein Dreiecksbetrug liegt daher vor.*

Schwieriger sind Fälle, in denen der Getäuschte **keine rechtliche Verfügungsbefugnis** hatte, aber rein tatsächlich über das Vermögen des Geschädigten verfügen konnte. Die nur tatsächliche Möglichkeit reicht nicht aus für eine Vermögensverfügung.

Bsp.: *Der kleine X bittet den groß gewachsenen B, ihm den Spielzeugdrachen, der in den Baum geflogen ist, herunter zu holen. B glaubt, der Drachen gehöre dem X und holt ihn herunter. In Wahrheit gehört er aber dem Z. - Nicht jede täuschungsbedingte Einwirkung auf fremdes Vermögen ist als Vermögensverfügung iSd § 263 StGB anzusehen. Im Beispielsfall liegt Diebstahl in mittelbarer Täterschaft und nicht Betrug vor.*

Nach der sog. **Lagertheorie** reicht zur Annahme eines Betrugs **die reine Möglichkeit** des Dritten zur Verfügung über das Vermögen des Geschädigten, der „im Lager" des Geschädigten steht.

Vgl. BGHSt 18, 221, 223; Schönke-Schröder-Cramer/Perron, § 263 Rdnr. 66.

Bsp.: *X klingelt bei Millionär M an der Haustür. Er weiß, dass lediglich die Hausangestellte H anwesend ist. Er gibt sich als Monteur des Elektrogeschäftes E aus und erklärt, er solle den Fernseher zur Reparatur abholen. H glaubt dies und gibt das Gerät heraus. - Hier verfügt H täuschungsbedingt über das Vermögen des M, indem sie den Fernseher herausgibt. Sie hat nicht nur tatsächliche Verfügungsmacht, sondern steht auch im „Lager" des M; es ist ihre Aufgabe, für den Haushalt zu sorgen. Die notwendige Obhutsbeziehung liegt also vor.*

Bsp.: *A steht auf dem Markt vor dem Marktstand des M und wartet auf M, der gerade abwesend ist. Da kommt B vorbei und bittet A, ihm eine Kiste zu geben, die auf dem Stand liegt. B sagt, er müsse diese Kiste schnell zu seinem Auto bringen, dann komme er zurück. A glaubt, B sei der Verkäufer. In Wirklichkeit hat B mit dem Stand nichts zu tun. - A verfügt täuschungsbedingt über das Vermögen des M, indem er B die Kiste gibt. Zwar hat er nur die tatsächliche Verfügungsmacht, aber es ist nicht seine Aufgabe, den Marktstand des M zu bewachen. Es fehlt also an der erforderlichen Obhutsbeziehung, A steht nicht im „Lager" des M. Er fungiert lediglich als Werkzeug eines Gewahrsamsbruchs im Rahmen einer Wegnahme. Es liegt Diebstahl des B in mittelbarer Täterschaft vor.*

Klausurtipp

Kommen in einem Fall mehrere Personen als Opfer des Betrugs in Betracht, so muss bereits in der Überschrift klargestellt werden, welcher Betrug geprüft werden soll:
Strafbarkeit des X wegen Betrugs gegenüber
A zu Lasten des B.

Geprüft wird in dem Beispiel oben die Täuschung gegenüber A, während der Schaden bei B („zu Lasten") aufgetreten sein könnte. Prüfen Sie einen konkreten Handlungsablauf detailliert durch bis Sie zu einem positiven oder negativen Ergebnis für jedes Tatbestandsmerkmal gelangen. Vermeiden Sie, innerhalb der gleichen Deliktsprüfung denkbare Varianten gegenüber verschiedenen Personen oder Schadensmöglichkeiten bei unterschiedlichen Geschädigten zu erörtern.

Der Prozessbetrug

Der sog. Prozessbetrug ist ein **Sonderfall des Dreiecksbetruges**, in dem ein Gericht getäuscht wird und eine Vermögensverfügung vornimmt, die sich auf das Vermögen eines Prozessbeteiligten schädigend auswirkt.

Bsp.: K führt einen Rechtsstreit gegen den B. In diesem Prozess muss Z als Zeuge aussagen. In seiner Aussage macht er zugunsten des K wahrheitswidrige Angaben, die dazu führen, dass Richter R in seinem Urteil den B zur Zahlung des Klagebetrages verurteilt. - Hier täuscht Z den Richter R, der in seinem Urteil den B zur Zahlung verurteilt. B erleidet einen Schaden. Das richterliche Urteil stellt hier die irrtumsbedingte Verfügung dar.

Weiteres Bsp.: G beantragt einen Mahnbescheid gegen S, indem er - wahrheitswidrig – behauptet, er habe gegen den S einen Anspruch. Es ergeht Mahnbescheid gegen den S. - Hier täuscht G dem Gericht einen Anspruch vor, der tatsächlich nicht besteht. Fraglich ist aber, ob das Gericht - hier der Rechtspfleger - sich Vorstellungen über den Bestand der Forderung macht. Nach § 692 Abs. 1 Nr. 2 ZPO enthält der Mahnbescheid den Hinweis an den Schuldner, dass das Gericht nicht geprüft hat, ob dem Antragsteller der geltend gemachte Anspruch auch zusteht. Mit dieser Begründung kann § 263 StGB verneint werden (so Lackner-Kühl, § 263 Rn. 17 mwN.; a.A. OLG Düsseldorf NStZ 1991, 586).

Klausurtipp

Beim Prozessbetrug ist besondere Aufmerksamkeit auf die zivilprozessualen Vorschriften zu legen. Es ist genau zu prüfen,

- ob die Täuschung tatsächlich maßgeblich für die getroffene Entscheidung war

oder

- ob diese unabhängig davon auf bestimmten prozessualen Regelungen beruhte.

Der Sicherungsbetrug

Hat der Täter sich bereits durch eine strafbare Tat einen Vorteil verschafft, so kann dennoch ein Schaden vorliegen, wenn der Täter diesen Vorteil **durch eine Täuschung sichert**. Dabei wird durch diese Täuschung der bereits eingetretene Schaden lediglich gefestigt und vertieft. Diese Schadensvertiefung stellt zwar einen eigenständigen Vermögensschaden dar, der jedoch aus Konkurrenzgründen nicht bestraft wird. Der **Sicherungsbetrug** stellt eine **straflose Nachtat** dar.

Bsp.: A entwendet im Kaufhaus eine teure Klassik-CD. Als er den Kassenbereich bereits hinter sich hat, bemerkt er die Person D, die schnell auf ihn zueilt. A hält diese Person richtigerweise für den Ladendetektiv. A tritt die Flucht nach vorn an, zeigt wild gestikulierend auf den unbeteiligten Kunden K und ruft dem D zu: „Das ist der CD-Dieb; ich hab` alles gesehen. Der verunsicherte D wendet sich dem K zu. Es gelingt A zu entkommen. - Der durch den vollendeten Diebstahl eingetretene Schaden wird durch die Täuschung gegenüber dem D und der damit verbundenen Unterlassung des Herausgabeanspruchs lediglich intensiviert.

Kein Schaden bei Abwendung strafrechtlicher Sanktionen

Die durch Täuschung unternommene Abwendung der Verhängung oder Vollstreckung strafrechtlicher Sanktionen, welche eine Vermögenseinbuße zur Folge haben (**Geldstrafe, Geldbuße, Einziehung, Verfall, Verwarnungsgeld**), wird nicht von § 263 StGB erfasst. Grund dafür ist, dass diese Sanktionen keine "für den Wirtschaftsverkehr relevanten" Gegenstände darstellen, da sie "dem wirtschaftlichen Verkehr" nicht unterliegen und ihnen daher eine wirtschaftliche Zweckbestimmung nicht zukommt. Vgl. u.a. BGH NJW 1993, 273; Lackner/Kühl, § 263 Rn. 45.

Dies gilt auch für die **Sicherheitsleistung** für Haftverschonung nach § 116 StPO (Kaution), die als strafprozessuale Maßnahme untrennbar mit dem Rechtsinstitut der Untersuchungshaft verbunden ist und deren ausschließliches Ziel die Durchsetzung des staatlichen Strafanspruchs ist.

Vorsatz

Der Vorsatz des Täters muss im Zeitpunkt der Tatbegehung vorliegen und sich auf alle Merkmale des objektiven Tatbestandes beziehen einschließlich der Kausalität, die die einzelnen Merkmale miteinander verbindet. Dabei reicht bedingter Vorsatz aus.

Absicht der rechtswidrigen Bereicherung

Neben dem Vorsatz ist als zusätzliches **subjektives Merkmal** die Absicht erforderlich, sich oder einem Dritten einen rechtswidrigen Vermögensvorteil zu verschaffen, oft auch nur kurz **Bereicherungsabsicht** genannt.

Dabei ist **hinsichtlich des Vermögensvorteils Absicht** - also dolus directus ersten Grades - erforderlich, während für die **Rechtswidrigkeit** und die **Stoffgleichheit** des erstrebten Vorteils **bedingter Vorsatz** (dolus eventualis) genügt.

Die Bereicherungsabsicht beinhaltet das Streben nach einem Vermögensvorteil, also nach jeder günstigeren Gestaltung der Vermögenslage. Es muss dem Täter gerade auf diesen Vorteil ankommen.

Bsp.: Gebrauchwagenhändler H verkauft K ein Fahrzeug, wobei er eine deutlich geringere Laufleistung vortäuscht. K zahlt 5000 EUR. - Hier kommt es H auf den Kaufpreis an, er erstrebt also dieses Geld als Vermögensvorteil aus der Verfügung des K.

Der Täter kann den Vorteil für sich (**eigennütziger Betrug**) oder für einen anderen (**fremdnütziger Betrug**) erstreben.

Bsp.: Der X hilft gelegentlich im Gebrauchtwagenhandel seines Freundes F aus. Er ist nicht am Umsatz beteiligt. Dem K verkauft er ein Fahrzeug weit über Preis, indem er falsche Angaben über die Laufleistung des Fahrzeuges macht. - Hier liegt eine Täuschung durch X vor, die auch zu einem Schaden des K führt. Der Vorteil wird aber nicht beim Täter X eintreten, sondern beim Gebrauchtwagenhändler F. Es liegt ein fremdnütziger Betrug vor.

Dieser Vorteil muss aber nicht das alleinige Ziel oder das ausschließliche Motiv des Täters sein. Dabei reicht es schon aus, wenn der Täter diesen Vorteil neben anderen Zielen oder auch nur als Mittel für einen anderen Zweck anstrebt (BGHSt 16, 1). Es genügt also, wenn der Vorteil ein **notwendiges Zwischenziel** des Täters ist.

Bsp.: Der Provisionsvertreter P täuscht den Kunden K, um ihm einen Vertrag mit der Lebensversicherung der L aufzuschwindeln. Der K muss die Prämien zahlen, der P erhält seine Abschlussprovision. - Dem P kommt es hier weniger auf die Versicherungsprämien an, die der K an die L-Versicherung zahlen muss. Vielmehr will er die Provision bekommen, die ihm die L zahlen wird. Notwendiges Zwischenziel ist aber hierzu die Zahlung der Prämien durch K, ohne die L keine Provision zahlen wird. Also erstreckt sich die Vorteilsabsicht des P gerade auch auf den Vorteil der Lebensversicherung.

Nicht ausreichend ist dagegen, wenn der Vorteil nur **notwendige** oder **mögliche Folge** eines ausschließlich auf einen anderen Zweck gerichteten Verhaltens ist.

Bsp.: A nimmt eine Anstellung bei der Fa. X an, um deren Kundenkartei auszukundschaften. Er will sich später selbständig machen und der Fa. X die Kunden abwerben. Um die Stelle bekommen zu können, macht er in den Bewerbungsunterlagen falsche Angaben. - Hier kommt es dem A nicht auf das Gehalt in der Arbeitsstellung an, das er infolge seiner falschen Angaben bei der Bewerbung bekommt. Sein Ziel sind vielmehr die Informationen aus der Kundenkartei, die er zu seinen Zwecken ausschlachten will. Die Erlangung des Arbeitsentgeltes ist lediglich eine notwendige Nebenfolge. Betrug scheidet daher hier aus.

Für die Vollendung kommt es nicht darauf an, ob der Täter den angestrebten Vorteil auch erlangt. Vollendet ist der Betrug schon, wenn der Vermögensschaden eingetreten ist und der Täter dabei entsprechenden Bereicherungswillen gehabt hat.

Bsp.: Der A verkauft dem B ein gefälschtes Bild. Den Kaufpreis soll der B per Verrechnungsscheck zahlen. Der Scheck geht verloren. - Hier erlangt der A den erstrebten Vorteil - das Geld des B - nicht. Dennoch ist der Betrug vollendet, da beim Eingehungsbetrug der Schaden bereits im Zeitpunkt des Vertragsschlusses eingetreten ist und die Absicht rechtswidriger Bereicherung vorhanden ist.

Der **erstrebte Vermögensvorteil** muss das genaue Gegenstück - also die **Kehrseite** - **des Vermögensschadens** sein (sog. **Stoffgleichheit** als ungeschriebenes Tatbestandsmerkmal). Diese **Stoffgleichheit bedeutet**, dass der

> **Schaden und der Vorteil durch ein- und dieselbe**
> **Vermögensverfügung hervorgerufen worden sein muss**

Daher fallen **mittelbare Schäden**, die der Getäuschte dadurch erleidet, dass er **infolge** des Vermögensschadens weitere Handlungen vornimmt, oder **Folgeschäden**, die durch erschwindelte Gebrauchsüberlassung entstanden sind, **nicht unter § 263 StGB.**

Bsp.: Verkaufsfahrer V liefert bei K Wein ab, die dieser beim Händler H bestellt hat. Er lädt nur 59 Kisten ab, lässt sich aber 60 Kisten auf dem Lieferschein quittieren. Eine Kiste Wein behält er für sich. Aufgrund des Lieferscheins erstellt H eine Rechnung über 60 Kisten. - Es liegt ein Eingehungsbetrug vor, bei dem im Zeitpunkt der Unterschrift unter den Lieferschein der Anschein der vollständigen Lieferung gem. § 362 BGB gesetzt wird und mithin ein Schaden des K entstanden ist. Der angestrebte Vorteil des V liegt in der „überzähligen" Kiste Wein; dieser Vorteil folgt aber nicht aus dem Schaden des K (Zahlung an die Firma). Hier fehlt es an der erforderlichen Stoffgleichheit.

Bsp.: B bemerkt am 01. Februar, dass in einem Mehrfamilienhaus die Balkons saniert werden. Er wartet bis zur Mittagspause und gibt sich dem Handwerker A als angeblicher Eigentümer des Hauses zu erkennen. B beauftragt den A nunmehr damit, die fälligen Mieten für ihn bei den Mietern einzuziehen, was teilweise auch gelingt (nach BGH NstZ 01, 650). Auch in diesem Fall fehlt es an der Stoffgleichheit

Rechtswidrig ist der erstrebte Vermögensvorteil, wenn er der Rechtsordnung widerspricht, wenn also **kein zivil- oder öffentlichrechtlicher Anspruch** darauf besteht. Wenn der Täter ein solches Recht hat, dann macht die Verwendung eines unerlaubten Mittels den Vorteil nicht rechtswidrig.

Bsp.: A hat B Ware verkauft und gegen Quittung geliefert. B streitet die Lieferung ab und verweigert die Bezahlung. A ist die Quittung verloren gegangen. Im Prozess sieht A keine andere Möglichkeit, als eine gefälschte Quittung vorzulegen. - Der von A erstrebte Vorteil - Bezahlung der Forderung durch B - ist nicht rechtswidrig, da dem A aus dem geschlossenen Vertrag und aufgrund der Lieferung der Ware ein Zahlungsanspruch zustand. § 263 StGB scheidet demnach aus; allerdings hat sich der A wegen Urkundenfälschung (Gebrauchmachen einer unechten Urkunde, § 267 Abs.1 3.Alt.) strafbar gemacht.

Nicht übersehen werden darf in der Prüfung der **Vorsatz bzgl. der Rechtswidrigkeit** der beabsichtigten Zueignung. Die irrige Vorstellung, einen fälligen und einredefreien Anspruch zu haben, führt zu einem Tatbestandsirrtum (§ 16 StGB)!

Besonders schwerer Fall, § 263 Abs. 3 StGB

Hinweis: § 263 Abs.3 StGB ist eine **Strafzumessungsregel** (wie bei § 243 StGB), die im Klausuraufbau erst im Anschluss an die Schuldfrage zu prüfen ist.

Der Vorsatz des Täters muss sich auch auf die Merkmale beziehen, die den besonders schweren Fall begründen. Ein Versuch des § 263 Abs.3 StGB scheidet aus, da es sich nicht um Tatbestandsmerkmale im Sinne einer Qualifikation handelt.

Ein besonders schwerer Fall liegt in der Regel vor, wenn der Täter

1. gewerbsmäßig oder als Mitglied einer Bande handelt, die sich zur fortgesetzten Begehung von Urkundenfälschung oder Betrug verbunden hat,
2. einen Vermögensverlust großen Ausmaßes herbeiführt oder in der Absicht handelt, durch die fortgesetzte Begehung von Betrug eine große Zahl von Menschen in die Gefahr des Verlustes von Vermögenswerten zu bringen,
3. eine andere Person in wirtschaftliche Not bringt,
4. seine Befugnisse oder seine Stellung als Amtsträger missbraucht oder
5. einen Versicherungsfall vortäuscht, nachdem er oder ein anderer zu diesem Zweck eine Sache von bedeutendem Wert in Brand gesetzt oder durch Brandlegung ganz oder teilweise zerstört oder ein Schiff zum Sinken oder Stranden gebracht hat.

Bsp: Die Voraussetzungen des § 263 Abs.3 S.2 Nr.2 Alt.2 sind z.B. erfüllt, wenn bei betrügerischer Kreditvermittlung im Internet eine große Zahl von Menschen in Gefahr des Verlustes von Vermögenswerten gebracht werden (OLG Jena NJW 2002, 2402).

Gewerbsmäßig handelt, wer sich aus wiederholten Tathandlungen nach § 263 StGB eine nicht nur vorübergehende Einnahmequelle verschaffen möchte.

§ 263 Abs. 4 StGB Antragserfordernis

§ 263 Abs. 4 StGB erklärt die Vorschriften der §§ 243 Abs. 2, 247 StGB und 248 a,b StGB für entsprechend anwendbar und stellt damit ein Antragserfordernis auf.

Ein Antrag ist gem. §§ 263 Abs.4, 247 StGB erforderlich, wenn sich der Betrug gegen Angehörige, Vormund oder Hausgenossen richtet. Maßgeblich ist dabei die Person des Geschädigten, dagegen ist die Person des Getäuschten unerheblich.

In Fällen, in denen sowohl der Schaden als auch der angestrebte Vermögensvorteil als geringwertig anzusehen ist, muss der Geschädigte gem. §§ 263 Abs.4, 248 a StGB Strafantrag stellen, damit die Tat nach § 263 StGB verfolgt werden kann.

Qualifikation nach § 263 Abs. 5 StGB

Liegen die Voraussetzungen der Gewerbsmäßigkeit und der Mitgliedschaft in einer Bande vor, greift § 263 Abs.5 StGB ein, der eine echte Qualifikation enthält.

Wiederholungsfragen zum 4. Kapitel, 4. Teil

1. Welcher Zusammenhang besteht zwischen Verfügung und Vermögensschaden?

Der Vermögensschaden des Getäuschten oder eines Dritten muss das Ergebnis der Vermögensverfügung sein.

2. Welche Theorien zum Vermögensbegriff sind heute noch zu unterscheiden?

Die wirtschaftliche und die juristisch-ökonomische Vermögenstheorie.

3. Wie definiert die wirtschaftliche Vermögenstheorie den Begriff des Vermögens?

Summe aller wirtschaftlichen und damit geldwerten Güter nach Abzug der Verbindlichkeiten.

4. Und was sagt die juristisch-ökonomische Theorie ?

Alle Wirtschaftsgüter, die „ohne rechtliche Missbilligung" einer Person zustehen, zählen zum Vermögen.

5. Wann ist ein Schaden eingetreten?

Ob ein Schaden eingetreten ist, wird durch einen Vergleich der Vermögenslage vor und nach der vom Getäuschten vorgenommenen Verfügung festgestellt. Ist eine nachteilige Vermögensdifferenz eingetreten, dann liegt ein Schaden vor.

6. Wann erfüllt eine Vermögensgefährdung den Tatbestand des § 263?

Wenn bereits eine konkrete Gefahr für das Vermögen eines anderen eingetreten ist, so dass ernstlich mit wirtschaftlichen Nachteilen gerechnet werden muss.

7. Was ist unter einem Eingehungsbetrug zu verstehen?

Schon in der Eingehung einer rechtlichen Verpflichtung bei einem Vergleich der gegenseitig erworbenen vertraglichen Ansprüche liegt ein Schaden oder eine schadensgleiche Vermögensgefährdung.

8. Wann liegt ein Erfüllungsbetrug vor?

Es werden die vom Geschädigten in Wirklichkeit geschuldeten und die tatsächlich von ihm erbrachten Leistungen verglichen. Liegt eine Differenz vor, ist ein Schaden und damit ein Betrug gegeben.

9. In welchem Umfang können persönliche Aspekte Einfluss auf den Schaden nehmen?

Die Berücksichtigung der konkreten wirtschaftlichen Verhältnisse des Betroffenen kann in gewissen Grenzen einen Schaden begründen (persönlicher Schadenseinschlag).

10. Nennen Sie einen Anwendungsfall für den persönlichen Schadenseinschlag!

Wenn einer Leistung des Betroffenen zwar eine gleichwertige Gegenleistung gegenübersteht, diese aber für den Betroffenen nicht in vollem Umfang für den vertraglich vorausgesetzten Zweck brauchbar ist und er sich auch nicht in anderer Weise zumutbar verwenden kann, liegt dennoch ein Schaden vor.

11. Was versteht man unter der Zweckverfehlung?

Wenn die Leistung des Getäuschten an bestimmte Zielsetzungen gebunden ist und der Täuschende wahrheitswidrig vorgibt, dass gerade dieser Zweck erreicht werde.

12. Wichtige Anwendungsfälle der Zweckverfehlungslehre?

Bettelbetrug bzw. Spendenbetrug.

13. Müssen Verfügender und Getäuschter identisch sein? Begründung?

Ja, denn sonst kann keine irrtumsbedingte Verfügung vorliegen.

14. Ist Personenidentität zwischen Getäuschtem und Geschädigten erforderlich?

Nein, Getäuschter (=Verfügender) und Geschädigter können verschieden sein.

15. Was ist jedoch erforderlich?

Eine gewisse Nähebeziehung des Verfügenden zum Vermögen des Geschädigten.

16. Was versteht man unter der Lagertheorie?

Ist der Verfügende nicht der Geschädigte, so liegt § 263 StGB nur dann vor, wenn der Verfügende in einer gewissen Obhutsbeziehung zum Geschädigten, also sozusagen in dessen „Lager" steht.

17. Was ist ein Prozessbetrug?

„Das Gericht" wird getäuscht und verfügt infolge dieser Täuschung über das Vermögen eines Prozessbeteiligten.

18. Was ist ein Sicherungsbetrug?

Bei einem Sicherungsbetrug wird lediglich ein Schaden verfestigt, der bereits durch eine vorangegangene Tat eingetreten ist.

19. Wie wird der Sicherungsbetrug behandelt?

Da kein neuer Schaden entsteht, ist der Sicherungsbetrug straflose Nachtat.

20. Welches sind die subjektiven Voraussetzungen des § 263 StGB?

Vorsatz bezüglich aller Merkmale des objektiven Tatbestandes und Absicht rechtswidriger Bereicherung.

21. Was versteht man genau unter Bereicherungsabsicht?

Sich oder einem Dritten einen rechtswidrigen Vermögensvorteil zu verschaffen.

22. Welche Vorsatzstufen sind erforderlich?

Hinsichtlich des Vermögensvorteils Absicht - also dolus directus 1. Grades - für die Rechtswidrigkeit und die Stoffgleichheit des erstrebten Vorteils bedingter Vorsatz.

23. Muss die Bereicherung eingetreten sein?

Nein.

24. Was genügt zur Vollendung des Betrugs?

Der Täter beabsichtigt die Bereicherung.

25. Wer soll bereichert werden?

Bereichert werden kann nach den Vorstellungen des Täters sowohl er selbst als auch eine dritte Person.

26. Was versteht man unter der Stoffgleichheit?

Der erstrebte Vermögensvorteil muss das genaue Gegenstück (die Kehrseite) des Vermögensschadens sein.

27. Welche objektive Voraussetzung ist hinsichtlich des Vorteils zu fordern?

Der angestrebte Vorteil muss objektiv rechtswidrig sein.

28. Wann ist das der Fall?

Wenn er der Rechtsordnung widerspricht, wenn also kein zivil- oder öffentlichrechtlicher Anspruch darauf besteht.

29. Was ist noch hinsichtlich der Rechtswidrigkeit des Vorteils zu fordern?

Der Täter muss die Rechtswidrigkeit des Vorteils kennen, also in seinen Vorsatz aufgenommen haben.

30. Folge wenn er die Rechtswidrigkeit nicht kennt?

Er befindet sich im Tatbestandsirrtum und bleibt straflos.

31. Welche Konsequenzen hat es, wenn der Täter glaubt, Anspruch auf den erstrebten Vorteil zu haben?

Die irrige Vorstellung, einen fälligen und einredefreien Anspruch zu haben, führt zu einem vorsatzausschließenden Tatbestandsirrtum.

Fall 13 (Die Lampe im Baumarkt - Teil 2)

Der A legt in einem Selbstbedienungsbaumarkt zwei teure Halogen-Spots in seinen Einkaufswagen. Er hat vor, sie nicht zu bezahlen, sondern irgendwie an der Kasse vorbeizuschaffen.

Einige Regale später sieht er eine Tischlampe im Sonderangebot. Er öffnet den Karton, nimmt die Tischlampe heraus, legt die wesentlich teureren Spots hinein, verschließt den Karton wieder und fährt zur Kasse. Dort bezahlt er lediglich den Preis für das Sonderangebot.

Lösungsvorschlag

Strafbarkeit des A nach § 242 StGB (siehe oben).

A könnte sich wegen Betrugs gem. § 263 StGB gegenüber der Kassiererin K zum Nachteil des Baumarktes strafbar gemacht haben.

Indem der A an der Kasse lediglich den Karton des Sonderangebotes vorlegt, spiegelt er schlüssig vor, dass auch der auf dem Karton ersichtliche Inhalt in dem Karton ist. Da dies nicht der Fall ist, täuscht er die K.

Die K geht davon aus, dass sich in den verschlossenen Kartons auch die Waren befinden, die auf dem Karton verzeichnet sind. Sie erliegt damit einer entsprechenden Fehlvorstellung über diese Tatsachen, also einem Irrtum.

Indem Sie A den Inhalt des Kartons übereignet, wirkt sie auf das Vermögen des Baumarktes ein. Fraglich ist, ob es einer Verfügung entgegensteht, dass sie keine Kenntnis von den im Karton befindlichen Spots hat. Dieser Umstand beseitigt jedoch nicht ihr Bewusstsein, über den Inhalt des Kartons zugunsten des A zu verfügen. Da die K nur den niedrigeren Preis des Sonderangebotes kassiert, hat sie lediglich nicht gemerkt, dass diese Verfügung zu einem Schaden des Baumarktes führt. Der Betrug ist aber gerade ein Delikt der unbewussten Selbstschädigung, so dass die Vorschrift gerade dann einschlägig ist, wenn der Getäuschte gar nicht merkt, dass seine Vermögensverfügung zu einem Schaden führt. Folglich ist eine Verfügung gegeben.

Weiter müsste ein Schaden eingetreten sein. Da der Baumarkt ein zu geringes Entgelt erhält, ist die Vermögenslage nach der Verfügung ungünstiger als zuvor; ein Schaden liegt demnach vor. Dem könnte aber entgegenstehen, dass die K nicht über ihr eigenes Vermögen, sondern als Dritte über das Vermögen eines anderen, nämlich das des Baumarktes verfügt hat. Es ist aber anerkannt, dass beim Betrug zunächst Verfügender und Geschädigter nicht identisch zu sein brauchen. Es handelt sich in derartigen Fällen um einen sog. Dreiecksbetrug. Bei diesem muss der Verfügende ein bestimmtes Näheverhältnis zum Geschädigten haben, also quasi in dessen Lager stehen (sog. „Lagertheorie"). Da die K in einer Obhutsbeziehung zu den im Baumarkt befindlichen Sachen stand und in Ihrer Position als Kassiererin auch rechtlich in der Lage war, über diese Gegenstände zu verfügen, liegt diese Voraussetzung hier vor. Durch diese Verfügung hat der Baumarkt einen Schaden erlitten.

Schließlich besteht zwischen allen vorgenannten Merkmalen ein Kausalzusammenhang (*in der Klausur kurz ausführen!*), so dass der objektive Tatbestand erfüllt ist.

A handelte auch vorsätzlich und er hatte auch die Absicht der rechtswidrigen Bereicherung (*in der Klausur kurz ausführen!*).

Da A rechtswidrig und schuldhaft handelte, hat er sich gem. § 263 StGB strafbar gemacht. Eine Strafbarkeit des A nach § 267 StGB wegen Urkundenfälschung scheidet aus, da es sich bei der losen Verbindung zwischen Lampe und Karton nicht um eine Urkunde handelt. Näheres im Strafrecht BT2.

Fall 14 (Der pfiffige Reifenhändler)

Reifenfirma F hat Absatzprobleme. In dieser Situation täuscht Reifengroßhändler R der F vor, Reifen nach Brasilien exportieren zu wollen. Hierdurch erhält er von F einen großen Posten Reifen zu einem besonderen Rabatt. Anstelle des sonst üblichen Stückpreises von 30 € pro Reifen muss er lediglich 20 € zahlen. Die F hofft dabei, sich in Brasilien einen neuen Markt zu erschließen. Tatsächlich verkauft R die Ware vertragswidrig in Deutschland.

Lösungsvorschlag

R könnte sich gem. § 263 StGB strafbar gemacht haben.

Indem R die verantwortlichen Personen der Firma F glauben macht, er wolle Reifen nach Brasilien weiterverkaufen, spiegelt er wahrheitswidrig diese Tatsachen vor und täuscht F somit. Da F dies glaubt, wird ein entsprechender Irrtum hervorgerufen. Indem F Sonderkonditionen einräumt als die Reifen ausliefert werden, verfügt F über das Firmenvermögen.

Fraglich ist, ob ein Schaden eingetreten ist. Dazu ist die Vermögenslage vor und nach der vom Getäuschten vorgenommenen Verfügung festzustellen. Ist eine nachteilige Vermögensdifferenz eingetreten, dann liegt ein Schaden vor. Dabei stehen sich hier einmal der Wert des Anspruchs auf die Leistung des Täuschenden - also der von R zu zahlende Kaufpreis - und der Wert der Verpflichtung zur Gegenleistung des Getäuschten - also der Wert der von F zu liefernden Reifen - gegenüber.

Bei der Bewertung der gekauften Ware kommt es dabei nicht auf die Herstellungskosten, sondern auf den Verkaufspreis an, der auf der entsprechenden Umsatzstufe am Markt normalerweise erzielt wird. Es dürfen daher nur die Gewinnaussichten berücksichtigt werden, die bei einem anderweitigen Verkauf der Ware wahrscheinlich zu realisieren gewesen wären. Dabei kann aber nicht ohne weiteres der dem R gewährte Rabattpreis von 20 € dem üblichen Einstandspreis von 30 € gegenübergestellt werden. Nach dem Sachverhalt hat die F Absatzprobleme, so dass nicht sicher ist, dass die fragliche große Menge Reifen zu dem üblichen Verkaufspreis der F auch tatsächlich abgesetzt werden konnte. Nur wenn festgestellt werden kann, dass die Reifen beim Ausbleiben des „Brasilien-Geschäfts" noch über den dem R zugestandenen Konditionen von F hätten verkauft werden können, liegt ein Schaden vor. Angesichts der Absatzschwierigkeiten ist mangels entsprechender Hinweise im Sachverhalt davon nicht auszugehen. Folglich liegt insoweit kein Schaden vor.

Auch ist der Schaden nicht schon dadurch eingetreten, dass die F dem R ohne die Vortäuschung der Absicht des Verkaufs nach Brasilien nicht die hohen Sonderrabatte eingeräumt hätte. Letztlich reicht die vage Hoffnung der F, in Brasilien einen neuen Markt zu erschließen, nicht aus (BGH NJW 1991, 2573). Betrug liegt also nicht vor.

Fall 15 (Der kinobegeisterte Student)

Der Student S ist Inhaber eines vom Kinobesitzer B ausgestellten Abo-Jahresausweises, der auf dem rechten oberen Teil den Vermerk trägt: „Gültig bis zum 30.6.2009". Der Abo-Jahresausweis trägt weiter den Text:

  „Der Inhaber dieses Ausweises ist berechtigt, im oben bezeichneten Gültigkeitszeitraum für beliebig viele Vorstellungen eine kostenfreie Eintrittskarte („Null-Karte") zu lösen. Diese „Null-Karte" ist nur in Verbindung mit dem Abo-Jahresausweis gültig."

Am 15.7.2009 bat der S unter Vorlage seines Abo-Jahresausweises die Kassiererin K um eine „Null-Karte". Dabei verdeckte er mit dem Daumen den Gültigkeitsvermerk. Die K hielt die Karte für gültig und händigte dem S eine „Null-Karte" aus.

Am Einlass zum Kino kontrollierte B selbst die Karten. Als S die „Null-Karte" zeigte, bat der B den S um Vorlage des Abo-Jahresausweises. B stellte fest, dass der Ausweis bereits abgelaufen war. Er erklärte dem S, dass er den Film nicht besuchen dürfe, da ihm die „Null-Karte" zu Unrecht ausgehändigt worden sei. Der Ausweis und die „Null-Karte" würden daher eingezogen. B steckte die Karte und den Ausweis in die Vordertasche seines Hemdes. Strafbarkeit von S und B?

Lösungsvorschlag

Strafbarkeit des S beim Lösen und Vorzeigen der „Null-Karte"

S könnte sich beim Erwerb der „Null-Karte" wegen Betruges mit einem geringwertigen Schaden nach §§ 263 Abs. 1 und Abs. 4, 248 a StGB gegenüber der K zum Nachteil des B strafbar gemacht haben.

Indem S der Kassiererin K durch schlüssiges Verhalten wahrheitswidrig vorgespiegelte, Inhaber eines gültigen Jahresausweises zu sein, täuschte S die K. Da K dies glaubte, unterlag sie einem entsprechenden Irrtum.

Aufgrund des Irrtums hat die K dem S eine „Null-Karte" ausgehändigt und dadurch auf den Anspruch auf Entrichtung des Eintrittspreises verzichtet, also über das Vermögen des B verfügt.

Fraglich ist, ob B dadurch einen Schaden erlitten hat. Dies wird durch einen Vergleich der Vermögenslage vor und nach der vom Getäuschten vorgenommenen Verfügung festgestellt. Ist eine nachteilige Vermögensdifferenz eingetreten, liegt ein Schaden vor.

Ein Schaden könnte darin gesehen werden, dass S nach § 929 S.1 BGB Eigentümer der Karte geworden ist und der B damit das Eigentum verloren hat. Zwar könnte B diese Übereignungserklärung nach § 123 Abs.1 BGB wegen der Täuschung des S anfechten, jedoch berührt dies die Wirksamkeit der Übereignung zunächst nicht, so dass dies einem Schaden nicht entgegensteht.

Was als Schaden i.S.d. §263 anzusehen ist, wird unterschiedlich beurteilt.

Nach dem sog. wirtschaftlichen Vermögensbegriff kommt es entscheidend darauf an, ob B in der Summe seiner geldwerten Güter geschädigt worden ist. Die „Null-Karte" hat aber keinen messbaren Verkehrs- oder Handelswert; der bloße Substanzverlust an dieser Karte stellt daher für den B noch keinen wirtschaftlichen Nachteil dar.

Dagegen wäre nach der juristischen Vermögenstheorie schon in dem bloßen Eigentums-
verlust ein Schaden zu sehen. Da diese Theorie aber heute wegen ihrer Enge nicht mehr
vertreten wird, ist ihr nicht zu folgen. Es liegt somit insoweit kein Schaden vor.

Der B wäre aber geschädigt, wenn der S als Inhaber der „Null-Karte" einen - wenn auch
möglicherweise mit Einwendungen angreifbaren - Anspruch auf den Besuch der Vorstellung
erlangt hätte. Das wäre dann der Fall, wenn die „Null-Karte" ein kleines Inhaberpapier iSd §
807 BGB wäre. Um ein kleines Inhaberpapier handelt es sich, wenn der Aussteller jedem
Inhaber der Urkunde zur Leistung verpflichtet sein will. Da auf dem Jahresausweis vermerkt
war, dass die „Null-Karte" nur in Verbindung mit dem Jahresausweis gelten sollte und daher
die „Null-Karte" allein dem Inhaber noch nicht das Recht zum Besuch des Films gibt,
handelt es sich folglich nicht um ein kleines Inhaberpapier i.S.d. § 807 BGB.

Schließlich könnte aber ein Schaden in Form einer Vermögensgefährdung des B
eingetreten sein. Es bestand die Gefahr, der S werde sich allein durch das Vorzeigen der
„Null-Karte" den Zutritt zur Filmvorführung verschaffen. Deshalb könnte bereits durch die
Aushändigung der Karte das Vermögen des B gefährdet sein. Die konkrete Vermögensgefährdung wird der Vermögensminderung gleichgestellt, wenn sie bei wirtschaftlicher
Betrachtung bereits eine Entwertung der gegenwärtigen Vermögenslage bedeutet. Es ist
dazu erforderlich, dass unter Berücksichtigung der besonderen Umstände des Falles
bereits eine konkrete Gefahr für das Vermögen eines anderen eingetreten ist, so dass
bereits ernstlich mit wirtschaftlichen Nachteilen zu rechnen ist. Eine nur abstrakte
Gefährdung reicht also zum Nachweis eines Schadens nicht aus.

Bei der Frage, ob das Vermögen des B bereits bei Aushändigung der Karte konkret
gefährdet ist, ist zu berücksichtigen, dass B bei der Einlasskontrolle nicht von allen
Besuchern mit einer „Null-Karte" die Vorlage des Jahresausweise verlangte.

Vertretbar wäre es daher, bereits eine konkrete Vermögensgefährdung in der Aushändigung der „Null-Karte" zu sehen. Andererseits ist die „Null-Karte" nur in Verbindung mit der
Jahreskarte gültig und es war aus dem Gültigkeitsdatum ohne weiteres erkennbar, dass der
S nicht mehr zum kostenlosen Besuch berechtigt war. S konnte sich also nur durch eine
weitere Täuschung bei der Einlasskontrolle den Zutritt zur Filmvorführung verschaffen.

Vertritt man für diese Fälle die Meinung, eine konkrete Vermögensgefährdung liege nicht
vor, wenn zur endgültigen Realisierung des Verlustes einer Vermögensposition eine weitere
auf das Vermögen einwirkende Handlung des Opfers erforderlich ist und diese allein
aufgrund des fortwirkenden Irrtums zu erwarten sei, so liegt beim Lösen der „Null-Karte"
noch keine konkrete Vermögensgefährdung und damit kein vollendeter Betrug vor.

S hat sich somit nicht gem. § 263 wegen vollendeten Betrugs strafbar gemacht.

S hat sich jedoch wegen versuchten Betrugs gem. §§ 263 Abs.1 und Abs.4, 248 a, 22, 23
StGB beim Lösen und beim Vorzeigen der „Null-Karte" strafbar gemacht. Strafantrag ist
erforderlich.
(Ist in der Klausur durchzuprüfen).

Strafbarkeit des B
beim Einstecken der „Null-Karte" und des Jahresausweises.

B könnte sich wegen Diebstahls an der „Null-Karte" gem. §§ 242, 248 a StGB strafbar gemacht haben.

Fraglich ist, ob eine fremde Sache vorliegt. Zwar ist das Eigentum an der „Null-Karte" von der K auf den S übertragen worden. B hat jedoch durch Einziehung der Karte diese Einigungserklärung konkludent gem. § 123 BGB aufgrund der Täuschung des S wirksam angefochten. Zur Zeit der Einziehung lag also keine fremde Sache vor.

B könnte sich wegen Diebstahls an dem Jahresausweis gem. §§ 242, 248 a StGB strafbar gemacht haben.

Der auf S ausgestellte und daher dem S gehörende Ausweis ist eine für B fremde Sache. Zwar war dieser wirtschaftlich wertlos, aber Schutzobjekt des § 242 StGB ist nicht der Bestand des Vermögens in seinem wirtschaftlichen Wert, sondern die formale Eigentümerposition. Damit kommt es auf den wirtschaftlichen Wert nicht an, der Ausweis ist taugliches Diebstahlsobjekt.

Fraglich ist, ob der B die Sache weggenommen hat. Dies setzt den Bruch fremden und die Begründung neuen Gewahrsams voraus. Wer einem anderen die Sache zur Besichtigung in die Hand gibt, hat nach den Anschauungen des täglichen Lebens unter Berücksichtigung der sozialen Zuordnung der Sache weiterhin den Herrschaftswillen und die Herrschaftsmöglichkeit und dadurch noch nicht seinen Gewahrsam verloren. Als jedoch der B den Ausweis in sein Hemd steckte, ging die Herrschaftsmöglichkeit seitens des S und damit sein Gewahrsam verloren. Gleichzeit erlangte B den Gewahrsam. Da dies ohne den Willen des S geschah, hat B dessen Gewahrsam auch gebrochen.

B hatte auch Vorsatz. Es ist aber zu prüfen, ob der B Zueignungsabsicht hatte. Zueignungsabsicht setzt den Willen des Täters voraus, die Sache selbst oder den in ihr verkörperten Sachwert dem Berechtigten auf Dauer zu entziehen und - wenn auch nur vorübergehend - dem eigenen Vermögen einzuverleiben.

B wollte den Ausweis dem S dauernd entziehen. Fraglich ist, ob B sich den Ausweis aneignen wollte. Es kam dem B darauf an, eine unbefugte Nutzung des Ausweises zu verhindern. Er hatte demnach kein Interesse, den Ausweis aufzubewahren und für sich zu behalten. Vielmehr sollte der Ausweis vernichtet werden. Ein Aneignungswille lag damit nicht vor. Mangels Zueignungsabsicht scheidet § 242 StGB des B aus. B ist demnach straflos.

Fall 16 (Die billige Parkuhr)
Der Autofahrer F ärgert sich schon lange über die hohen Parkgebühren in der Stadt und die Politessen, die rigoros „Knöllchen" schreiben, wenn die Parkuhr abgelaufen ist. Eines Tages stellt er in seinem Urlaub im Ausland fest, dass eine Münze der dortigen Währung unserem 1 €-Stück in Größe und Gewicht sehr ähnlich ist, allerdings nur jeweils 5 Ct. umgerechnet wert ist. Er nimmt einen größeren Vorrat dieser Münzen mit nach Hause.
Als er wieder zuhause in eine Parkbox fährt, steckt er eine dieser Münzen in die Parkuhr, die auch erwartungsgemäß betätigt wird. Von seinem Bürofenster aus kann F später sehen, wie die Politesse P seinen Wagen kontrolliert und unbeanstandet lässt. Strafbarkeit des F?

Lösungsvorschlag

Strafbarkeit des F beim Einwerfen der Münze in die Parkuhr

F könnte sich beim Einwerfen der Münze in die Parkuhr wegen vollendeten Betruges mit einem geringwertigen Schaden nach §§ 263 Abs.1 und Abs.4, 248 a StGB gegenüber der P zum Nachteil der Stadt strafbar gemacht haben.

Zunächst bedarf es einer Täuschungshandlung. Da § 263 StGB nur die Täuschung eines Menschen erfasst, scheidet eine „Täuschung" des Automaten aus.

Er könnte aber die P getäuscht haben. Dazu müsste er auf deren Vorstellung mit dem Ziel eingewirkt haben, in ihr einen Irrtum zu erregen. Durch Einwerfen der Münze in den Automaten löst der F den Mechanismus der Parkuhr aus, der nach außen hin sichtbar die ordnungsgemäße Betätigung bestätigt und die gelöste Parkzeit anzeigt. Hierdurch soll auch auf das Vorstellungsbild der Politesse P derart eingewirkt werden, dass sie glaubt, es sei alles in Ordnung. Eine Täuschung der P liegt also vor.

F hat eine entsprechende Fehlvorstellung der F und damit auch einen Irrtum erregt.

Indem P auf das Ausstellen eines „Knöllchens" verzichtet, könnte P über Vermögen verfügt haben. Zwar kann auch im Verzicht auf das Geltendmachen einer Forderung eine Verfügung zu sehen sein. Da aber der staatliche Anspruch auf Erhalt einer Geldbuße bei Ordnungswidrigkeiten in seinem Wesen nicht vermögensrechtlicher Natur ist und damit nicht unter dem Schutz des § 263 StGB steht, ist dies zu verneinen.

Zu denken ist aber auch daran, dass P auf die Geltendmachung der Nachentrichtung der 1 € Parkgebühr verzichtet. Indem P es unterlässt, eine Anzeige aufzunehmen, wird auch verhindert, dass die Stadt die Gebühren nacherheben kann. Allerdings werden in der Praxis auch bei der Verhängung eines Bußgeldes ohnehin nicht noch zusätzlich die angefallenen Parkgebühren nachbelastet. Infolgedessen kann davon ausgegangen werden, dass sich die P insoweit keine Vorstellungen macht, ihr also ein Verfügungsbewusstsein fehlt. Nach überwiegender Ansicht ist aber ein solches Bewusstsein nicht erforderlich.

Die Täuschung des F und der darauf beruhende Irrtum müssten kausal für die Verfügung sein. Da P aber durch den Irrtum lediglich darüber entscheidet, ob sie ein Strafmandat verteilt oder nicht, sie also auch bei Erkennen ihres Irrtums die 1 € nicht eingefordert hätte (s.o.), war der Irrtum insoweit nicht kausal für die Verfügung. Ein Betrug scheidet damit aus.

F könnte sich beim Einwerfen der Münze in die Parkuhr wegen Erschleichen von Leistungen §§ 265 a Abs. 1 StGB und Abs. 3, 248 a StGB strafbar gemacht haben.

Die Parkuhr ist aber kein Leistungsautomat. Anders als bei einer Schranke vor einem Parkhaus, die den Zugang zum Parkplatz nur nach Betätigung des Automaten eröffnet, kann der Parkplatz an einer Parkuhr auch ohne Betätigung des Automaten tatsächlich benutzt werden. Der Tatbestand des § 265 a StGB liegt demnach nicht vor.

Der F bleibt straflos.

Fall 17 (Der leichtgläubige Bauer)

Der V verkauft Melkmaschinen. Dabei bezieht er von der Lieferfirma F Provision für jede verkaufte Maschine. Dem Bauern B bietet er eine Maschine an, die für 4 Kühe ausreichend ist. B will eigentlich nicht kaufen, da er derzeit knapp bei Kasse ist. Außerdem benötigt er eine Maschine für seine 12 Kühe. V erklärt dem B wahrheitswidrig, dass die Maschine auch für 12 Kühe ausreichend sei. Außerdem macht er ihm vor, er könne derzeit eine Melkmaschine zu einem besonders günstigen Preis als Messemodell verkaufen. Der B lässt sich schließlich überreden und kauft das vermeintliche Schnäppchen für 5.000 €. Dies ist in Wahrheit der Listenpreis. Nachdem die Maschine geliefert und bezahlt worden ist, bekommt der V die Provision von der Fa. F. Später ficht B den Kaufvertrag an und erstattet Anzeige gegen den V. Strafbarkeit des V?

Lösungsvorschlag
Strafbarkeit des V beim Verkauf der Melkmaschine

V könnte sich beim Verkauf der Melkmaschine an B wegen Betruges nach § 263 Abs.1 StGB gegenüber und zum Nachteil des B strafbar gemacht haben.

V müsste zunächst getäuscht haben. Er erklärt B wahrheitswidrig, die Anlage reiche aus für 12 Kühe; auch handele es sich um einen besonders günstigen Preis. Beide Behauptungen sind unwahr, stellen also Täuschungen über Tatsachen dar. Infolge dieser Täuschung erliegt der B einem entsprechenden Irrtum.

Die Vermögensverfügung liegt in der Zahlung des Kaufpreises (Erfüllungsbetrug). Sie kann aber auch bereits im Abschluss des Vertrages (Eingehungsbetrug) gesehen werden.

Problematisch ist schließlich, ob auch der erforderliche Vermögensschaden gegeben ist. Dieser liegt vor, wenn sich das Vermögen infolge der Verfügung nachteilig verringert hat.

Nach dem Sachverhalt war der von B tatsächlich gezahlte Preis der Listenpreis. Anhaltspunkte dafür, dass dieser Listenpreis überhöht ist, bietet der Sachverhalt nicht. Es ist daher davon auszugehen, dass die Maschine diesen Preis wert gewesen ist. Da § 263 kein Delikt gegen die persönliche Dispositionsfreiheit ist, kann ein Schaden nicht schon deshalb bejaht werden, weil der B glaubte, eine besonders günstige Gelegenheit wahrzunehmen.

Der Schaden könnte aber darin liegen, dass die Maschine für die 12 Kühe des B nicht ausreichend ist. Zwar ergibt sich bei einem Vergleich des Vermögens des B vor und nach der Transaktion ein Gleichstand: vorher verfügte er über 5000 €, danach über eine Maschine mit dem gleichen objektiven Wert.

Etwas anderes könnte sich aber ergeben, wenn man auf die individuelle Nutzungsmöglichkeit des B abstellt. Nicht alle Gegenstände haben für jedermann den gleichen Nutzen. Zu berücksichtigen sind auch die besonderen Umstände des Einzelfalls, insbesondere die persönlichen Verhältnisse des Geschädigten. Wenn diese Gesichtspunkte in die Gesamtbewertung einfließen, kann ein Schaden auch bejaht werden, wenn sich objektiv Leistung und Gegenleistung entsprechen. Unter Berücksichtigung dieses persönlichen Schadenseinschlags liegt ein Schaden auch dann vor, wenn einer Leistung des Betroffenen zwar eine gleichwertige Gegenleistung gegenübersteht, diese aber für den Betroffenen nicht in vollem Umfang für den vertraglich vorausgesetzten Zweck brauchbar ist und er sie auch nicht in anderer Weise zumutbar verwenden, z.B. ohne besondere Schwierigkeiten wieder veräußern kann. Wenn also der Erwerber den gekauften Gegenstand nach dem vernünftigen Urteil eines unbeteiligten Dritten nicht für den vertraglich vereinbarten Zweck verwenden kann, so ist ein Vermögensschaden gegeben.

Es liegt auf der Hand, dass der Bauer B für seine 12 Kühe eine ausreichend leistungsfähige Maschine benötigte und er die Maschine auch nicht ohne erheblichen Aufwand wieder veräußern konnte.

Ein Schaden wäre mithin hier gegeben, es sei denn, dem stünde die Vertragsanfechtung des B entgegen. Da aber auf den Zeitpunkt der Verfügung abgestellt wird, in dem noch ein Vertrag vorlag, beseitigt die Anfechtung des Vertrages durch den B den bereits eingetretenen Schaden nicht.

Subjektiv liegt Vorsatz bzgl. der Merkmale des objektiven Tatbestandes vor.

Fraglich ist die Absicht der rechtswidrigen Bereicherung. Dazu ist nach dem Grundsatz der stoffgleichen Bereicherung erforderlich, dass der V anstrebt, etwas als Vorteil zu erlangen, was das Opfer als Schaden preisgibt. Der Schaden entsteht bei B, dem entspricht der Vorteil bei der Fa. F in Form des Kaufpreises. Der Vorteil des V liegt dagegen in der Provision, die er von der Fa. F bezieht. Diese Provision ist also nicht Kehrseite des Schadens, es fehlt also insoweit an der Stoffgleichheit des erstrebten Vorteils. Ein eigennütziger Betrug des V zu seinem eigenen Vorteil scheidet daher aus.

In Betracht kommt aber ein fremdnütziger Betrug des V zugunsten der Fa. F. Dazu müsste V in der Absicht handeln, die Firma F zu bereichern. Zwar kommt es ihm nicht in erster Linie auf den Vorteil der F an, er weiß aber, dass er ohne die Zahlung des Kaufpreises durch B und ohne diesen damit verbundenen Vorteil der F keine Provision bekommen würde. Dieser Vorteil der F ist damit notwendiges Zwischenziel für den V, um die endgültig angestrebte Provision beziehen zu können. Bereicherungsabsicht liegt also vor. Da ein Anspruch darauf nicht bestand, ist die angestrebte Bereicherung auch rechtswidrig. Dies hatte V auch erfasst, insoweit liegt also Vorsatz vor.

Da der V im Übrigen auch rechtswidrig und schuldhaft handelte, ist er gem. § 263 StGB zu bestrafen.

V könnte sich beim Kassieren der Provision wegen Betruges nach § 263 Abs.1 StGB gegenüber und zum Nachteil der Fa. F strafbar gemacht haben.

V reicht den Vertrag bei F ein und täuscht so einen ordnungsgemäßen Vertragschluss vor. Aufgrund des entsprechenden Irrtums wird die Provision ausgezahlt und damit über das Vermögen der F verfügt. Der Schaden liegt darin begründet, dass der F aufgrund der Anfechtbarkeit des Vertrages keinen Provisionsanspruch hat. Entsprechender Vorsatz des V ist zu bejahen, ebenfalls die Bereicherungsabsicht.

Er handelte rechtswidrig und schuldhaft und ist gem. § 263 StGB zu bestrafen.

Der Betrug zu Lasten des B und der Betrug zu Lasten der F stehen in Tateinheit (§ 53 StGB) zueinander.

Fall 18 (Das teure Wechselgeld)

Der X geht in der Post Briefmarken kaufen. Als der Postangestellte A die gewünschten Marken auf den Schalter legt, gibt er ihm einen 500 EUR Schein. Der A legt das Wechselgeld auf den Schalter. Währenddessen kramt der X in seiner Geldbörse und erweckt den Eindruck, er wolle passendes Geld heraussuchen. Der A legt daraufhin den 500 EUR Schein wieder auf den Schalter. Nach einigem hin und her erklärt der X, das Geld doch nicht passend zu haben; der A gibt daraufhin das Wechselgeld heraus. Inzwischen hatte aber der X unbemerkt den 500 EUR Schein bereits wieder an sich genommen, wie er es von Anfang an vorhatte. Mit diesem Schein und dem Wechselgeld verlässt er die Post. Am Abend bemerkt der A den Fehlbestand. Strafbarkeit des X?

Lösungsvorschlag

X könnte sich wegen Betruges gem. § 263 StGB strafbar gemacht haben.

Erforderlich ist zunächst eine Täuschung. Die gesamte Verhaltensweise des X diente lediglich dem Zweck, den A zu verwirren und bei ihm den falschen Eindruck zu erwecken, er habe den 500 EUR Schein bereits in die Kasse gelegt. Damit ist eine Täuschung gegeben. Da A eben dies glaubt, erliegt er einem entsprechenden Irrtum.

Fraglich ist aber, ob eine Verfügung des A anzunehmen ist, oder ob X nicht eventuell den Gewahrsam des A gebrochen hat. Es geht hier somit um die Abgrenzung des Betrugs zum Trickdiebstahl.

Diebstahl und Betrug schließen sich aus. Eine Tathandlung kann daher bezüglich derselben Sache immer nur einen der beiden Tatbestände verwirklichen. Die Abgrenzung erfolgt dabei nach der inneren Willensrichtung des Opfers. Will das Opfer Alleingewahrsam übertragen, liegt eine Vermögensverfügung vor. Erfolgt der Gewahrsamswechsel gegen den Willen, so liegt eine Wegnahme vor; die Täuschung dient dabei lediglich dazu, die Wegnahme zu erleichtern.

Fraglich ist also, ob der A den Gewahrsam an dem 500 EUR Schein willentlich aufgegeben hat. Er legt den 500 EUR Schein lediglich auf den Schalter in der Erwartung, das gesamte Wechselgeld und den Kaufpreis für die Briefmarken von dem X zu erhalten. Eine willentliche Aufgabe des Gewahrsams ohne jede Gegenleistung kann dem Gesamtverhalten des A nach der objektiv erkennbaren Interessenlage nicht entnommen werden. Es liegt mithin keine Verfügung vor, § 263 StGB scheidet daher aus.

X könnte sich aber wegen Diebstahls des 500 EUR Scheins gem. § 242 StGB strafbar gemacht haben. Zwar handelt es sich bei dem Geldschein um eine bewegliche Sache, fraglich ist aber, ob diese für X fremd war.

Fremd ist eine Sache u. a dann, wenn sie nicht ausschließlich dem Eigentümer gehört. Der Schein gehörte ursprünglich dem X. Er könnte sein Eigentum aber durch eine Übereignung an den A bzw. die Post verloren haben.

Durch Vorlage des 500 EUR Scheins zur Bezahlung der Briefmarken im ersten Teil des Tatgeschehens hat der X konkludent ein Übereignungsangebot abgegeben, das der A für die Post konkludent angenommen hat, indem er den 500 EUR Schein an sich nahm. Nach § 929 BGB ist daher ein Eigentumswechsel erfolgt. Der geheime Vorbehalt des X, keine auf

Eigentumswechsel gerichtete Erklärung abzugeben, war gem. § 116 BGB unbeachtlich. Eine fremde Sache liegt also vor.

Durch die Entgegennahme des 500 EUR Scheins hat der A auch Gewahrsam am Schein erlangt.

Allerdings hat der A den Schein wieder auf den Schalter gelegt in der Erwartung, der X werde jetzt doch mit passendem Kleingeld zahlen. Fraglich ist, ob er hierdurch möglicherweise den Gewahrsam bereits verloren hat. A tat dies erkennbar aber nur in der Erwartung, passendes Kleingeld zu bekommen. Der Gewahrsam des A wurde hierdurch zwar gelockert, aber nicht gänzlich aufgehoben. Von einer willentlichen Aufgabe der gesamten tatsächlichen Herrschaftsmacht kann also nicht ausgegangen werden.

Als der X anschließend den 500 EUR Schein heimlich an sich nahm, war dies der Ausschluss der Sachherrschaft des A gegen seinen Willen und damit ein Gewahrsamsbruch. Infolge der Gewahrsamsbegründung durch X ist die Wegnahme vollendet.

Vorsatz und Zueignungsabsicht sind gegeben. Da der X auch rechtswidrig und schuldhaft handelte, ist er strafbar gem. § 263 StGB. Vgl. zum Fall BayObLG NJW 1992, 2041.

Fall 19 (Das günstige Ballkleid)

Die V ist Verkäuferin im Kaufhaus. Für die Angestellten besteht die Möglichkeit, Sachen zur Auswahl über Nacht mit nach Hause zu nehmen. Hierzu muss das Kleidungsstück in ein Auswahlbuch eingetragen werden; die Mitnahme wird dann von der Empfängerin quittiert. Bei Rückgabe des Kleidungsstücks wird die Eintragung gestrichen.
Als V zu einer großen Feier eingeladen wird, möchte sie diese Möglichkeit nutzen, um die Anschaffung eines teuren Kleides zu sparen. V lässt ein Kleid aus der in der Abteilung befindlichen Kollektion in der oben beschriebenen Weise durch die Kassiererin K austragen, um es am nächsten Morgen zurückzubringen. Leider geht es auf der Feier sehr hoch her, so dass das Kleid stark verschmutzt wird. Die V überlegt nun, wie sie dies vertuschen kann. Sie nimmt daher am nächsten Tag ein Kleid mit der gleichen Preisauszeichnung mit und gibt dieses unbeschädigte Kleid am darauf folgenden Tag zurück. Die Eintragung im Auswahlbuch wird daraufhin gestrichen. - Strafbarkeit der V?

Lösungsvorschlag

Mitnahme des ersten Kleides gegen Quittung im Auswahlbuch

V könnte sich wegen Betruges nach § 263 StGB strafbar gemacht haben, als sie das Kleid auslieh.

Die Täuschung ist hier darin zu sehen, dass die V durch ihr Verhalten konkludent den Eindruck erweckt, sie wolle das Kleid für eine normale Anprobe mit nach Hause nehmen und wahrheitswidrig verschweigt, dass das Kleid für eine Nutzung auf einer Feier vorgesehen ist. Die K erliegt einem entsprechenden Irrtum, der dazu führt, dass sie das Kleid an die V aushändigt, also über das Vermögen des Kaufhauses eine Verfügung trifft.

Fraglich ist aber ob dies eine Verfügung i.S.d. 263 StGB darstellt. Geschädigt wird dadurch das Kaufhaus. Zwar brauchen Verfügender und Geschädigter nicht identisch zu sein, es ist aber erforderlich, dass eine Obhutsbeziehung der K zum Kaufhaus vorliegt und die K damit faktisch im „Lager" des Kaufhauses steht. Hier ist es die Aufgabe der K, auf die Waren des Kaufhauses zu achten. Sie hat die rechtliche und faktische Möglichkeit, über diese Waren zu verfügen. Folglich besteht das erforderliche Obhutsverhältnis, so dass ihre Verfügung ausreichend ist für den Tatbestand des § 263.

Zu prüfen ist aber, worin der weiter notwendige Schaden des Kaufhauses zu sehen ist. Dabei ist auf die Lage zum Zeitpunkt der Übergabe des Kleides abzustellen und nicht etwa auf eine spätere tatsächliche Entwicklung. Die spätere Beschädigung des Kleides ist daher für die Schadensbetrachtung unerheblich.

Der Schaden des Kaufhauses zum Zeitpunkt der Übergabe des Kleides könnte zunächst in einem vorübergehenden Besitzverlust gesehen werden. Fraglich ist aber, ob im konkreten Fall das Kaufhaus ein bestimmtes wirtschaftliches Interesse gerade am Besitz des Kleides hatte.

Der wirtschaftliche Nutzen des Besitzes am Kleid beschränkt sich auf die Möglichkeit, es interessierten Kunden zeigen und so Kaufinteresse wecken zu können. Der Schaden kann also bei genauer Betrachtung lediglich in der verlorenen Möglichkeit gesehen werden, dieses Kleid als Ausstellungsstück im Kaufhaus zur Verfügung zu haben.

Grundsätzlich kann auch der Besitzverlust in diesem Sinne einen Schaden begründen. Da die V das Kleid lediglich über Nacht ausleiht, also gerade während des Zeitraumes, in dem eine Präsentation der Kleider als Kaufobjekte ohnehin nicht stattfindet, hat der Besitz keinen wirtschaftlichen Wert für das Kaufhaus.

Ausreichend für einen Schaden i.S.d. § 263 StGB ist aber bereits eine konkrete Vermögensgefährdung. Diese ist darin zu sehen, dass das Kleid von V auf einem Fest getragen werden soll, während der Wille des Kaufhauses gerade nur dahin ging, dem Angestellten die Anprobe in seinen eigenen Wänden zu ermöglichen. Mit diesem vereinbarten Zweck war ein weitaus geringeres Abnutzungs- und Beschädigungsrisiko verbunden als mit dem Tragen auf dem Fest. Mit dieser Begründung ist eine dem Schaden gleichstehende konkrete Vermögensgefährdung zu bejahen (es ist auch die Gegenansicht vertretbar).

Vorsatz und Absicht der rechtswidrigen Bereicherung liegen vor. Da V rechtswidrig und schuldhaft handelte, ist sie gem. § 263 StGB strafbar.

V könnte sich wegen Diebstahls nach § 242 StGB strafbar gemacht haben.

Bei dem Kleid handelt es sich um eine für V fremde bewegliche Sache. Fraglich ist, ob die V fremden Gewahrsam gebrochen hat. Der durch den Geschäftsführer ausgeübte Gewahrsam des Kaufhauses wird hier dadurch aufgehoben, dass die K das Kleid an sie herausgibt und dies im Auswahlbuch vermerkt. Da hier jedoch, wie oben festgestellt, eine wirksame Verfügung der K vorliegt, besteht ein entsprechendes Einverständnis der K. Zwar unterliegt sie hinsichtlich der beabsichtigten Nutzung einem Irrtum. Ein irrtumsbedingtes Einverständnis ist jedoch wirksam, solange es auf freier Willensbildung beruht. Dies ist hier der Fall, folglich ist die Wegnahme durch wirksames Einverständnis ausgeschlossen.

Eine Strafbarkeit nach § 242 StGB scheidet daher hinsichtlich des ersten Kleides aus.

Mitnahme des zweiten Kleides

V könnte sich wegen Diebstahls nach § 242 StGB strafbar gemacht haben, als sie das Kleid mitnahm.

Das Kleid ist eine für V fremde bewegliche Sache. Durch die Mitnahme bricht die V vorhandenen Gewahrsam und begründet neuen Gewahrsam.

Problematisch ist hier, ob V Zueignungsabsicht hatte. Zueignung setzt sich zusammen aus der endgültige Enteignung des Berechtigten und der zumindest vorübergehenden Aneignung durch den Täter. Dabei reicht bei der Enteignung des Berechtigten jede Form des Vorsatzes aus, während hinsichtlich der Aneignung durch den Täter Absicht erforderlich ist.

Dieses Kleid nimmt die V mit, um es am nächsten Tage unbenutzt wieder zurückzubringen. Sie will nicht die Eigentumsposition des Kaufhauses leugnen. Vielmehr will sie bei der Rückgabe deutlich machen, dass es sich um Gegenstände des Kaufhauses handelt. Diesen Rückgabewillen hatte sie schon bei der Wegnahme; Enteignungsvorsatz scheidet daher aus. V ist nicht strafbar nach § 242 StGB.

Behalten des beschädigten ersten Kleides

V könnte sich wegen Unterschlagung nach § 246 StGB strafbar gemacht haben als sie das erste Kleid behielt.

Die V hat eine fremde bewegliche Sache in Gewahrsam (s.o.). Diese Sache müsste sie sich zugeeignet haben. Erforderlich ist dazu eine Manifestation des Zueignungswillens. Schon in der Mitnahme des zweiten Kleides könnte dies gesehen werden. Dagegen spricht allerdings, dass es sich rein äußerlich betrachtet um eine neutrale Handlung handelt, die auch bedeuten kann, dass sie dieses andere Kleid schlicht entwenden will.

In Betracht für eine Manifestationshandlung kommt aber auch die Rückgabe des zweiten Kleides mit der Erklärung, es handele sich um das ausgeliehene erste Kleid. Damit bringt V objektiv eindeutig zum Ausdruck, dass sie das erste Kleid nicht zurückgeben will. Eine Manifestation des Zueignungswillens liegt vor.

Vorsatz, Rechtswidrigkeit und Schuld sind gegeben. V hat sich gem. § 246 strafbar gemacht.

Rückgabe des zweiten Kleides

V könnte sich wegen Betruges nach § 263 StGB strafbar gemacht haben, als sie das zweite Kleid für das erste Kleid zurückgab.

Bei der Rückgabe des zweiten Kleides täuscht die V vor, es handele sich hierbei um das erste Kleid, das sie ordnungsgemäß ausgeliehen habe. Eine Täuschung ist also erfolgt. Der entsprechende Irrtum der K führt dazu, dass die K im Auswahlbuch die Eintragung streicht und somit auf den Rückgabeanspruch des Kaufhauses hinsichtlich des ersten Kleides verzichtet, also verfügt. Da das Kaufhaus das Kleid nicht zurückerhält, entsteht auch ein entsprechender Schaden.

Vorsatz, Bereicherungsabsicht, Rechtswidrigkeit und Schuld liegen vor. V hat sich gem. § 263 strafbar gemacht.

Konkurrenzen

Da hier eine Umwandlung von Fremdbesitz in Eigenbesitz erfolgt, steht die Unterschlagung zu dem vorangegangenen Betrug in Realkonkurrenz, es liegt also kein Fall der erneuten Zueignung vor.

Der Betrug bei der Rückgabe des Kleides tritt als Sicherungsbetrug hinter der Unterschlagung zurück und ist mitbestrafte Nachtat.

Fall 20 (Der Gebrauchtwagenkauf)

Der V will seinen PKW verkaufen. Er gibt dazu in der Zeitung eine Anzeige auf. Daraufhin meldet sich bei ihm telefonisch der K als Kaufinteressent. Sie vereinbaren einen Termin zur Besichtigung des Fahrzeuges.
Während einer Probefahrt fragt der K den V, ob er mal selbst fahren dürfe. V hält an und steigt aus, um mit dem K die Plätze zu tauschen. Dabei lässt er den Fahrzeugschlüssel stecken. Der K rutscht schnell auf den Fahrersitz, verriegelt die Türen von innen und fährt– wie von Anfang an geplant - mit dem Pkw davon, um ihn zu behalten. Strafbarkeit des K?

Lösungsvorschlag

K könnte sich gem. § 242 StGB strafbar gemacht haben, als er mit dem Pkw des V wegfuhr.

Das Fahrzeug ist eine für K fremde bewegliche Sache. Während der Probefahrt hatte der V zunächst die tatsächliche Sachherrschaft über den Wagen, also Gewahrsam daran. Er könnte aber durch das Verlassen des Fahrzeuges den Gewahrsam verloren haben. Da V weiterhin die Herrschaft über seinen PKW behalten und in keinem Fall an den K abtreten wollte, wird sich dies nicht vertreten lassen. Auch nach dem Verlassen des Fahrzeuges hatte der V also – lediglich gelockerten – Gewahrsam.

Diesen Gewahrsam hat der V gebrochen, als er mit dem Wagen davon fuhr und dem V den Zugriff auf das Fahrzeug unmöglich machte.

Vorsatz, die Absicht rechtswidriger Zueignung sowie Rechtswidrigkeit und Schuld sind gegeben. Strafbarkeit nach § 242 StGB liegt daher vor.

Der K könnte sich gem. § 263 StGB strafbar gemacht haben, als er mit dem V die Probefahrt vereinbarte und dabei seine wahren Absichten verheimlichte.

Der K täuschte den V über seine wahren Absichten und erregte so in V die Fehlvorstellung, er wolle nur eine Probefahrt unternehmen. Die irrtumsbedingte Verfügung des V liegt in der Erlaubnis der Fahrt sowie im Aussteigen, um dem K selbst zu ermöglichen, auf dem Fahrersitz Platz zu nehmen.

Fraglich ist, ob der Vermögensnachteil – der Verlust des PKW – unmittelbar auf diese Verfügung des V zurückzuführen ist. Unmittelbare Folge der Verfügung ist lediglich die Lockerung des Gewahrsams, die dem K eine günstige Gelegenheit verschaffte, seinerseits Gewahrsam zu erlangen. Dies erfolgte jedoch durch Gewahrsamsbruch des K und nicht durch Verfügung des V. Der im Verlust des Wagens liegende Vermögensnachteil des V geht also nicht unmittelbar auf eine Verfügung des V zurück, sondern auf ein deliktisches Handeln des K. § 263 StGB scheidet daher aus.

5. Kapitel

Sonderfälle des Betrugs

Computerbetrug 263 a StGB

§ 263 StGB erfasst nur die Täuschung eines Menschen. Aufgrund der fortschreitenden technischen Entwicklungen werden aber immer stärker Maschinen zum Empfänger von Erklärungen. Statt der Täuschung eines Menschen erfasst die Vorschrift des Computerbetrugs (§ 263 a StGB) die „Täuschung der Maschine" und schließt so eine sonst bestehende Strafbarkeitslücke; § 263 a Abs. 3 bestraft Vorbereitungshandlungen.

Die Problematik der vollautomatisierten Datenverarbeitungsprozesse erlangte mittlerweile erhebliche Examensrelevanz!

Prüfungsschema zu § 263 a StGB

A. Tatbestand

  I. objektiver Tatbestand

    1. Beeinflussung des Ergebnisses eines Datenverarbeitungsvorgangs

    2. Tathandlung (alternativ)

      a. unrichtige Programmgestaltung,

      b. Verwendung unrichtiger oder unvollständiger Daten,

      c. unbefugte Verwendung von Daten oder

      d. sonstige unbefugte Einwirkung auf den Ablauf

    3. Vermögensschaden infolge dieser Manipulation

  II. subjektiver Tatbestand

    1. Vorsatz bzgl. aller Merkmale des objektiven Tatbestandes

    2. Bereicherungsabsicht

      a. Vermögensvorteil

      b. Absicht gerichtet auf den Vorteil

      c. objektive Rechtswidrigkeit des angestrebten Vorteils

      d. Stoffgleichheit zwischen Vorteil und Schaden

      e. Vorsatz bzgl. dieser Rechtswidrigkeit

      f. Vorsatz hinsichtlich der Stoffgleichheit

B. Rechtswidrigkeit

C. Schuld

D. ggf. Antrag als Strafverfolgungsvoraussetzung,

  § 263 a Abs. 2 StGB

Der **Täuschungshandlung** und der irrtumsbedingten Vermögensverfügung durch einen Menschen im Tatbestand des § 263 StGB entsprechen hier die **Manipulationen am Programmablauf.** Die Tathandlungen sind in den Varianten 1 bis 4 abschließend aufgezählt und daher nicht durch Analogie erweiterungsfähig.

Erforderlich für § 263a ist, dass der Täter das Vermögen eines anderen dadurch beschädigt, dass er das Ergebnis eines Datenverarbeitungsvorganges beeinflusst.

Daten sind alle **codierten und codierbaren Informationen unabhängig vom Verarbeitungsgrad**

Hierzu zählen auch der Verarbeitung dienende Programme, weil sie als fixierte Arbeitsanweisung an den Computer aus Daten zusammengefügt sind

Datenverarbeitung sind die technischen Vorgänge, bei denen durch Aufnahme von Daten und deren Verknüpfung nach Programmen Arbeitsergebnisse erzielt werden.

Von § 263 a werden nur Datenverarbeitungsvorgänge erfasst, die in EDV-Anlagen vorkommen. Dabei ist sorgsam zu prüfen, ob nicht Automatenmissbrauch gemäß § 265 a vorliegt.

Problem ist, dass oft bei Waren- und Leistungsautomaten elektronische Geldprüfvorrichtungen vorhanden sind, die das eingeworfene Geld erst aufgrund des Ergebnisses einer Datenverarbeitung akzeptieren. Der Missbrauch derartiger Automaten unterfällt idR § 263 a StGB.

Durch seine Tathandlung muss der Täter das Ergebnis beeinflussen, d.h. für das Verarbeitungsergebnis zumindest mitursächlich geworden sein.

Die **Vermögensverfügung** liegt darin, dass **durch das Ergebnis des manipulierten Datenverarbeitungsvorgangs** der Vermögensschaden ausgelöst werden muss.

Erste Tathandlung (§ 263 a I Var. 1) ist die **unrichtige Gestaltung des Programms.** **Gestaltung** erfasst das Neuschreiben von Programmen und Programmteilen sowie das Hinzufügen, Verändern oder Löschen einzelner Programmablaufschritte, die Änderung von Bedingungen der Plausibilitätsprüfung und den Einbau sonstiger falscher Funktionen. „**Unrichtigkeit**" eines Programms ist nach h.M. gegeben, wenn es nach objektiver Betrachtung unrichtige Ergebnisse liefert (**objektive Diskrepanz**).

Bsp.: Programmierer P hat ein Programm für Sozialämter entwickelt, mit dem die Auszahlung geregelt werden soll. Er hält die Sozialhilfesätze für zu gering und hat das Programm so geschrieben, dass im Weihnachtsmonat der doppelte Satz gezahlt wird. - Hier liefert das Programm unrichtige Ergebnisse, die mit dem Sozialrecht nicht vereinbar sind.

Eine **weitere wichtige Tathandlung** (§ 263 a I Var. 2) ist das **Verwenden unrichtiger Daten**. Damit werden die Fälle erfasst, in denen Außenstehende dafür sorgen, dass das **Ergebnis der Datenverarbeitung** durch den Einsatz unrichtiger Daten fehlerhaft ist. Dies geschieht im Regelfall durch Manipulation der Eingaben in den Computer. **Unrichtig** sind die Daten dann, wenn die mit ihnen dargestellten Informationen im Sinne des Betrugstatbestandes falsche oder entstellte Tatsachen bedeuten, d.h. sie nicht mit der Wirklichkeit übereinstimmen.

Unvollständig sind die Daten, wenn sie notwendige Informationen über wahre Tatsachen pflichtwidrig vorenthalten.

So liegt nach Ansicht der Rechtsprechung Computerbetrug gemäß § 263a Abs. 1, 2. Var. bei der Beantragung eines Mahn- und eines Vollstreckungsbescheides im automatisierten Mahnverfahren auf der Grundlage einer fingierten, tatsächlich nicht bestehenden Forderung vor, denn sie stellt eine Verwendung unrichtiger Daten dar.

> **Bsp.:** *A beantragt unter Benutzung des automatisierten Mahnverfahrens beim zuständigen Amtsgericht einen Mahnbescheid über eine Hauptforderung in Höhe von 10.000 EUR gegen die X GmbH. Er begründet dies mit einer Forderung aus einem Darlehensvertrag, der in Wahrheit jedoch nie geschlossen wurde. Zudem gibt er das Datum angeblicher Mahnschreiben an die X an. Der in der Buchhaltung der X beschäftigte Gehilfe des A – der B – lässt den zugestellten Mahnbescheid verschwinden und unterrichtet die Geschäftsleitung nicht, so dass kein Widerspruch eingelegt werden kann. Auf dieselbe Art und Weise erwirkt der A daraufhin einen Vollstreckungsbescheid gegen die X. Aufgrund des Bescheides beantragt A einen Pfändungs- und Überweisungsbeschluss mit dessen Hilfe 10.000 EUR der X – GmbH gepfändet und auf das Konto des A überwiesen werden.*
> *(nach BGH 4 StR 292/13; Beschluss vom 19.11.2013)*

> **Bsp:** *A reicht fingierte Forderungen als Lastschriften im Wege eines Abbuchungsauftragsverfahrens ein, obwohl ein Abbuchungsauftrag nie erteilt wurde. (BGH 1 StR 416/12; Beschluss vom 22.01.2013*

> **Gegenbsp:** *A arbeitet als Shop-Manager bei einem Mobilfunkanbieter. Er erstellt fingierte Vertragsunterlagen mit erfundenen Kunden, um sich in den Besitz von Mobilfunkgeräte zu bringen, die bei Vertragsabschluss an die Neukunden ausgehändigt werden. Hier liegt kein Computerbetrug, sondern Untreue vor, da durch die Erstellung der Unterlagen als vermögensrelevanter Datenverarbeitungsvorgang keine unmittelbare Vermögensminderung vorliegt. Erst durch die Weitergabe der erstellten Neukundendaten an den Mitarbeiter, der für die Ausgabe der Geräte zuständig war und dessen Herausgabe kam es zu der Vermögensminderung. s. BGH NStZ 2013, 586*

Die Manipulation des Strichcodes erfüllt hingegen nicht den Tatbestand eines Computerbetruges.

> **Bsp.:** *Wer das Lesegerät einer Selbstbedienungskasse mit einem falschen Strichcode täuscht und so für seine Ware einen zu geringen Preis bezahlt, begeht einen strafbaren Diebstahl, weil der manipulierte Datenverarbeitungsvorgang der Kasse noch keine Vermögensminderung bewirkt, sondern nur die Voraussetzungen für eine vermögensmindernde Tat - die nachfolgende Mitnahme der Ware - geschaffen habe.*

Dritte Tathandlung (§ 263 a I Var. 3) ist die **unbefugte Verwendung von Daten**. Die Formulierung „unbefugt" heißt, dass richtige Daten verwendet werden müssen. Die Auslegung dieses Merkmals ist str. und prüfungsrelevant.

> **Bsp.:** *A hat sich die Kreditkartennummer und das Ablaufdatum der Kreditkarte seines Freundes F aufgeschrieben. Nachts lädt er gegen Entgelt Musik aus dem Internet herunter. Für die Bezahlung auf dem Weg des „bargeldlosen Kreditkartenverfahrens" gibt er die Daten der Kreditkarte des F ein, von dessen Konto die Abbuchung erfolgt.*

„**Unbefugt**" ist die Datenverwendung beim **Einsatz der EC-Karte**, wenn der Täter die Codekarte durch verbotene Eigenmacht erlangt hat, es sich um eine Kopie oder Fälschung handelt oder der Täter zwar vom Berechtigten die EC-Karte erhalten hat, er die Geheimzahl aber gegen dessen Willen durch Ausspionieren, Entschlüsseln etc. in Erfahrung gebracht hat. Hat der Kontoinhaber dagegen dem Täter die EC-Karte mit PIN überlassen und werden damit lediglich absprachewidrig Geldabhebungen vorgenommen, scheidet § 263 a StGB aus, es liegt Untreue gegenüber dem Kontoinhaber vor.

Bsp.: A hat sein Konto überzogen und seine ec-Karte ist noch nicht gesperrt. Obwohl er nicht weiß, wie er seinen Saldo ausgleichen soll, benötigt er dringend Geld. Da er fürchtet, von seiner Hausbank H kein Geld mehr zu erhalten, zieht er € 500,-- bei einer anderen Bank, der X-Bank. – Ob in solchen Fällen § 263a anzuwenden ist, ist str..
Siehe dazu BGHSt 47, 160, 163 und LK-Tiedemann § 263 a Rn 51.

Weitere Fallgestaltungen können sich bei der Verwendung einer eigenen oder fremden ec-Karte im Online-Verfahren ergeben. Die Täuschung im **electronic-cash-Verfahren** ist zweifelhaft, weil sich der Händler meist.aufgrund der Online-Überprüfung durch das Kreditinstitut gar keine Gedanken über die Berechtigung und Bonität des Kunden macht.

Während der Kunde in diesem Verfahren lediglich seine Karte hin- und die PIN-Nr. eingibt, unterzeichnet er im **elektronischen Lastschriftverfahren** eine Ermächtigung zum Lastschrifteinzug. Zwar werden auch hier Informationen mittels der Karte ins Netz durch das Händlerterminal eingegeben. Die Hingabe einer PIN-Nummer entfällt jedoch.

Eine Online-Kontrolle findet nicht statt; der Händler trägt das Risiko der Zahlungsfähigkeit seines Kunden. Hat der Karteninhaber sein Konto überzogen und nutzt er trotzdem für den Erwerb beim Händler das elektronische Lastschriftverfahren, so täuscht er den Händler über seine Zahlungsfähigkeit. Der Händler wird getäuscht weil er sich hier aufgrund der fehlenden Einlösegarantie im Gegensatz zum electronic-cash-Verfahren eben doch Gedanken und Vorstellungen über Berechtigung und Bonität des Kunden macht und nun über seine Ware verfügt. Verweigert das Kreditinstitut mangels Kontodeckung die Zahlung, erleidet der Händler einen Schaden. Der Kunde hat sich gemäß **§ 263 StGB** zu Lasten des Händlers strafbar gemacht.

Verwendet ein **nicht berechtigter Dritter** eine ec-Karte beim elektronischen Lastschriftverfahren, ist neben Urkundenfälschung auch Betrug gegeben.

Der Einsatz einer mit einem Chip versehenen „aufgeladenen" ec-Karte, wird durch § 263 a I Var. 3 StGB erfasst.

Verschafft sich der Täter unbefugt Gelder von fremden Konten, indem er Überweisungsträger der betreffenden Konten fälscht, erfüllt er – wenn die Überweisungsträger nur in automatischer Weise auf ihre Echtheit überprüft werden – den Tatbestand des § 263 a Var. 3. Lässt sich der Ablauf der Überweisung bei der bezogenen Bank nicht mehr aufklären, kommt regelmäßig eine wahlweise Verurteilung aus § 263 oder § 263 a in Betracht.

Eine sonstige **unbefugte Einwirkung auf den Ablauf** (§ 263 a I Var. 4 StGB) liegt z.B. dann vor, wenn der Täter ein rechtswidrig erlangtes Programm einsetzt, um an einem Geldspielautomaten zu spielen und sich durch "Leerspielen" des Geldspielgeräts zum Nachteil des Automatenaufstellers zu bereichern.

Die Verwendung einer allgemein technisch zugelassenen und im Mobilfunknetz des Anbieters für den Verbindungsaufbau uneingeschränkt akzeptierten Signalisierungsvariante mit der Folge, dass der Anrufer gebührenfrei telefonieren kann, erfüllt nicht die tatbestandlichen Voraussetzungen des § 263a Abs. 1 StGB (OLG Stuttgart NStZ 2004, 333).

Das **Ergebnis des Datenverarbeitungsvorgangs** muss durch die vorgenommene Manipulation **beeinflusst** worden sein. Dies ist dann der Fall, wenn die betreffende Handlung in irgendeiner Weise im Ergebnis dieses Vorgangs zum Ausdruck kommt.

Das Verarbeitungsergebnis muss die **Qualität einer Vermögensverfügung** haben, es muss also vermögenserheblich sein und unmittelbar vermögensmindernd wirken.

Bsp.: A spielt mit präparierten Münzen an einem Geldspielautomaten und bewirkt so, dass der Automat ihm den Hauptgewinn in Form von 20 echten 2 €-Stücken ausgibt. - Zwar wirkt hier der A durch das Einwerfen der falschen Münzen auf den Ablauf des Automaten ein, indem der darin eingebaute Prüfmechanismus "überlistet" wird. Der objektive Tatbestand des § 263 a StGB setzt aber voraus, dass der Täter durch unrichtige Gestaltung des Programms, durch Verwendung unrichtiger oder unvollständiger Daten, durch unbefugte Verwendung von Daten oder sonst durch unbefugte Einwirkung auf den Ablauf des Datenverarbeitungsvorgangs dessen Ergebnis beeinflusst und dadurch das Vermögen eines anderen schädigt. Hat der Täter aber durch seine Manipulationen die mechanische, optische oder auch sensorische Prüfung der Münzen überlistet und dadurch den Spielablauf in Gang gesetzt, nicht aber in den möglicherweise durch ein Datenverarbeitungsprogramm gesteuerten Spielablauf durch Datenmissbrauch oder Programmveränderungen Einfluss genommen, scheidet § 263 a StGB aus.

Aktuelle Erscheinungsformen des Computerbetruges sind das sog. **Phishing** (das Ausspähen von Zugangsdaten vor allem in den Bereichen des E-Commerce und des Online-Bankings mit Hilfe falscher e-mails) und das **Pharming** (der Einsatz gefälschter Internetseiten zum Ausspähen der Zugangsdaten).

Der subjektive Tatbestand erfordert neben zumindest bedingtem Vorsatz die Absicht der rechtswidrigen und stoffgleichen eigen- oder fremdnützigen Bereicherung. Für Rechtswidrigkeit und Schuld gelten die allgemeinen Grundsätze. Nach § 263 a II gilt § 263 II bis VII entsprechend (d.h. Strafzumessungsregel und Qualifikation sind gegebenenfalls zu berücksichtigen).

Subventionsbetrug § 264 StGB

§ 264 StGB ist ein gegenüber § 263 StGB eigenständiges, **abstraktes Gefährdungs- delikt**. Im Gegensatz zu § 263 StGB ist **nicht der Eintritt eines Vermögensschadens erforderlich**.

Geschütztes **Rechtsgut** ist bei § 264 StGB das Interesse der Allgemeinheit an einer wirkungsvollen staatlichen Wirtschaftsförderung durch Subventionen. (z.B. EG-Förderung aus dem Wirtschafts- Sozial,- Kultur,- oder Umweltbereich). Täter können Private, aber auch Inhaber öffentlicher Ämter sein.

Gemeinsames Merkmal der im Gesetz beschriebenen **Tathandlungen** ist letztlich, dass **unrichtige** oder **unvollständige Angaben** gemacht werden, die für den Antragsteller vorteilhaft sind. Dazu genügt es bereits, dass diese Angaben im Zeitpunkt ihres Vorbringens geeignet erscheinen, das Subventionsverfahren positiv zu beeinflussen.

Die **Vollendung** des Delikts ist mit der Abgabe der falschen Angaben gegenüber der zuständigen Stelle eingetreten.

Versicherungsmissbrauch § 265 StGB

Der Gesetzgeber hat den Versicherungsbetrug durch den Versicherungsmissbrauch abgelöst; bestimmte Fälle des Betrugs zum Nachteil von Versicherungen wurden als besonders schwere Fälle des Betrugs eingeordnet.

§ 265 StGB ist ein **reines Vermögensdelikt**, dessen Schutzgut neben dem Vermögen der geschädigten Versicherung auch die Leistungsfähigkeit des dem allgemeinen Nutzen dienenden Versicherungswesens gehört.

Tatobjekt ist eine versicherte Sache, also jeder körperliche Gegenstand. Versichert ist eine Sache, wenn ein entsprechender Versicherungsvertrag abgeschlossen und förmlich zustande gekommen ist. Entscheidend ist die formelle Gültigkeit des Vertrages; Anfechtbarkeit oder Nichtigkeit schaden nicht.

Die **Tathandlung** besteht aus diversen Varianten hinsichtlich einer versicherten Sache (lesen!), die den Versicherungsfall auslösen kann.

Ausreichend: Beeinträchtigung der Brauchbarkeit; Beiseiteschaffen (dazu muss die Sache räumlich verschoben oder verbracht worden sein); das Überlassen einer Sache an andere.

Subjektiv ist neben dem **Vorsatz (dolus eventualis)** die **Absicht** erforderlich, sich oder Dritten Leistungen aus der Versicherung zu verschaffen.

Die Vorschrift erfasst neben dem Betrug gegenüber einer Feuer- oder Schiffsversicherung durch Inbrandsetzen bzw. Versenken/Stranden auch den Betrug einer anderen Versicherung.

Die Vorschrift ist **kein Verbrechen**, der Versuch ist strafbar (Abs.2).

Beachten Sie aber: § 265 StGB ist subsidiär gegenüber § 263 StGB.

Kreditbetrug § 265 b StGB

Maßgeblich ist, dass der **Kredit für einen Betrieb oder ein Unternehmen** beantragt wird. Erfasst wird damit nicht der Kredit einer Privatperson. Dort kann nur § 263 StGB zur Anwendung kommen. Ob § 265 b StGB hinter § 263 StGB zurücktritt, ist str.

Erschleichen von Leistungen § 265 a StGB

§ 265 a StGB enthält drei Auffangdelikte, die zu den schwereren Eigentums- und Vermögensdelikten **subsidiär** sind. Eine Bestrafung setzt nach dem Gesetzeswortlaut voraus, dass die Tat nicht nach anderen Vorschriften mit schwererer Strafe bedroht ist.

Die **drei Tatbestände** innerhalb des § 265 a StGB sind:
- die **Beförderungserschleichung**
- die **Zutrittserschleichung**
- das **Erschleichen von Automaten- und Fernmeldeleistungen**.

Da es sich bei dem Vergehen nach § 265 a StGB nach herrschender Auffassung um ein Vermögensdelikt handelt, ist ein **Vermögensschaden** Voraussetzung.

Bsp.: X ist Inhaber einer Monatskarte der Verkehrsbetriebe, die ihn berechtigt, im gesamten Fahrbereich die Busse zu benutzen. Bei einer Kontrolle stellt sich heraus, dass er seine Monatskarte zu Hause vergessen hat. - Erforderlich für die Strafbarkeit ist ein Vermögensschaden, der darin liegt, dass der Täter die Leistung eines Transportunternehmens in Anspruch nimmt, ohne diese bezahlt zu haben. Wenn es ein Verkehrsbetrieb einem Kunden aber ermöglicht, nach Bezahlen einer Monatskarte innerhalb ihres zeitlichen und räumlichen Geltungsbereichs beliebige Fahrten zu unternehmen, erleidet er nicht dadurch einen Vermögensschaden, dass der Fahrgast, der die Karte zuvor tatsächlich bezahlt hat, sie bei einer Kontrolle lediglich nicht bei sich führt und es - gegebenenfalls vertragswidrig - unterlässt, erneut eine Fahrkarte zu kaufen. Der hierin möglicherweise liegende Verstoß gegen die Beförderungsbedingungen mit der Folge einer nach diesen nicht ordnungsgemäß durchgeführten Fahrt ist von den Voraussetzungen der Strafbarkeit nach § 265 a StGB zu trennen. Sinn der Pflicht zum Beisichführen des Fahrausweises ist die Beweiserleichterung, die darin liegt, dass nicht der Verkehrsbetrieb die Nichtzahlung, sondern der Fahrgast durch Mitführen des Fahrscheins die Zahlung des Entgelts nachzuweisen hat. Hingegen kann die bloße Nichteinhaltung einer derartigen Regelung eine Vermögensstraftat nicht begründen. Zudem fehlt es an der geforderten Absicht, das Entgelt nicht zu entrichten, da X erst bei der Kontrolle das Fehlen bemerkte.

Beförderungserschleichung

Bei der Beförderungserschleichung muss die **Beförderung** in dem betreffenden Verkehrsmittel **entgeltlich** erfolgen.

Erschleichen bedeutet, dass entweder Kontrollmaßnahmen gezielt umgangen werden oder dass man sich äußerlich den Anschein eines ordnungsgemäßen Verhaltens gibt. Diese Voraussetzungen liegen also vor, wenn der Täter sich - ohne im Besitz einer Berechtigung zu sein - so verhält wie ein Berechtigter. Es reicht also jedes der Ordnung widersprechende Verhalten, durch das sich der Täter in den Genuss der Leistung bringt und bei welchem er sich mit dem Anschein der Ordnungsmäßigkeit umgibt. Die Überlistung einer Kontrollmöglichkeit oder eine täuschungsähnliche Manipulation braucht mithin nicht vorzuliegen (BVerfG NJW 1998, 1135).

Bsp.: K betritt den Bus und setzt sich auf einen freien Platz. Er ist nicht im Besitz einer Fahrkarte. - K verhält sich wie ein Fahrgast, der ordnungsgemäß eine Fahrkarte gelöst hat.

Bsp.: K löst eine Fahrkarte 2. Klasse für die Bundesbahn. Er hält sich aber während der gesamten Reisezeit in einem Abteil der 1. Klasse auf.

Gegenbsp.: Der politisch engagierte Student S will gegen die ständigen Fahrtpreiserhöhungen ein Zeichen setzen und für den Ausbau des öffentlichen Nachverkehrs demonstrieren. Mit einem entsprechenden Plakat betritt er die Straßenbahn und verteilt Flugblätter, mit denen er zum Fahrpreiszahlungsboykott aufruft. - Der S „erschleicht" den Eintritt in die Straßenbahn nicht, sondern er betritt sie mit einem offenen, nach außen gerichteten Verhalten und macht dabei deutlich, dass es ihm auf die Beförderung nicht ankommt, sondern auf eine politische Demonstration, die lediglich in der Straßenbahn stattfindet. Eine Strafbarkeit nach § 265 a StGB scheidet daher aus.

Gleiches gilt, wenn sich ein Fahrradfahrer hinten am Bus festhält und sich ziehen lässt. Kontrollmaßnahmen werden nicht umgangen und auch sein Verhalten lässt nicht auf eine Erschleichung iSd § 265a StGB schließen.

Zutrittserschleichung

Der Begriff des **Erschleichens** ist mit dem des Beförderungserschleichens identisch; auch hier muss der **Zutritt entgeltlich** erfolgen. Dazu muss der Täter Veranstaltungen oder Einrichtungen betreten.

Veranstaltungen sind einmalige oder zeitlich begrenzte Aufführungen, z.b. Kino, Konzerte, Theatervorstellungen. **Einrichtungen** sind auf Dauer angelegt, z.b. Museum, Schwimmbad, Bibliothek, Eislaufbahn. **Zutritt** ist die körperliche Anwesenheit.

Bsp.: *X ist Fan des Fußballvereins Borussia Kleckersdorf 05. Bei einem wichtigen Spiel ist das Spiel ausverkauft; X hat leider keine Karte bekommen. Der X leiht sich daraufhin von seinem Freund F eine Rot-Kreuz-Uniform und schleicht sich als Sanitäter verkleidet an den Einlasskontrollen vorbei in das Stadion. - Der X umgeht hier durch seine Maskerade gezielt Kontrollmaßnahmen und erreicht so den sonst entgeltlichen Zutritt zum Stadion.*

Gegenbsp.: *Auf dem Marktplatz wird ein Stadtfest veranstaltet. Wegen des großen Andrangs ist der Markplatz weiträumig abgesperrt; allerdings kostet der Zutritt kein Geld. Als der Markplatz mit Besuchern gefüllt ist, werden die Zugänge geschlossen. Der A überklettert dennoch die Absperrung. - Eine Strafbarkeit aus § 265 a StGB scheidet hier aus, da der Zutritt zur Veranstaltung nicht entgeltlich erfolgte, sondern die Zugangsregelung lediglich dazu diente, eine Überfüllung des Marktplatzes zu verhindern.*

Erschleichen von Automatenleistungen

Als **Erschleichen** genügt **bei technischen Einrichtungen** jeder **nicht ordnungsgemäße Gebrauch.** Auch hier ist nur die entgeltliche Leistung des Automaten von Bedeutung.

Bsp.: *Der A ist viel auf mehrtägigen Geschäftsreisen. Nachdem er Anfangs regelmäßig abends mit seiner Frau ausführlich telefoniert hat, stellt er auf seiner Telefonrechnung fest, dass dies sehr ins Geld geht. Er vereinbart daher mit seiner Frau, dass er regelmäßig am Abend um genau 20.30 Uhr zu hause anruft, seine Frau aber nicht abnehmen solle. Dann lässt er es jeweils 4 mal klingeln als Signal, dass alles in Ordnung ist. - Zwar wird hier auch eine Leistung der Telefongesellschaft erreicht, denn die Informationen, die der A seiner Frau übermitteln will, werden über die Telefonleitung übertragen. Diese Leistung ist aber noch nicht entgeltlich, denn erst nach dem Abheben des angewählten Teilnehmers wird die Verbindung hergestellt und erst dann fallen Gebühren an. Folglich liegt keine Leistungserschleichung vor.*

Fraglich ist, welche Automaten unter diese Vorschrift fallen.

Rspr. und Schrifttum unterscheiden bei der Anwendung des § 265 a StGB zwischen den Begriffen der "Warenautomaten", die Waren-, Berechtigungs- oder Gutscheine aller Art abgeben (wie z.B. Zigarettenautomaten und Fahrkartenautomaten), und "Leistungsautomaten", die sonstige, nicht in der Hergabe von Sachen bestehende Leistungen erbringen (wie z.B. Spiel-, Musik-, Fernsprech- und Gewichtsautomaten).

Nach wohl h.M. sind Automaten im Sinne dieser Vorschrift lediglich **Leistungsautomaten,** während die missbräuchliche Benutzung eines Warenautomaten immer als Diebstahl gewertet wird

Vgl. Sch-Sch-Lenckner/Perron, § 265 a Rn. 4, OLG Düsseldorf NStZ,1999, 248 .

Nach anderer Ansicht zählen daneben auch Warenautomaten dazu.

Vgl. dazu Fischer, § 265 a, Rdnr. 11f; sowie die Nw. bei Lackner/Kühl § 265a,2.

Leistungsautomaten sind z.b. Spiel-, Musik- oder Fernsprechautomaten.

Warenautomaten sind Geräte, die Waren, Fahrscheine und Eintrittskarten ausgeben.

Ein **Geldspielautomat** erbringt zwar auch eine "Leistung" in Form des Spielens, jedoch gilt dies nur für den eigentlichen Leistungsbereich, das Spielen, während der Geldausgabe- bzw. Geldrückgabeteil des Automaten nicht durch § 265 a StGB, sondern durch § 242 StGB geschützt ist und deshalb wie ein Warenautomat zu behandeln ist.

Diebstahl begeht daher derjenige, der sich durch Einwurf von Falschgeld in einen Geldspielautomaten oder durch Manipulation an dessen Mechanik Gewinne oder Wechselgeld verschafft. s. OLG Düsseldorf NJW 1999, 3209 ff.

Hinweis: Das bloße **Ausnutzen technischer Fehler** am Automaten fällt jedoch nicht unter § 265 a.

Fall 21 (Der ungetreue Saunagast)

A und B sind Arbeitskollegen, die oft gemeinsam während der Mittagspause in die Sauna gehen. Regelmäßig werden die Kleidungsstücke in einem Spind weggeschlossen. Eines Tages vergisst der A, seinen Spind ordnungsgemäß abzuschließen. Dies merkt der B. Während A in der Sauna schwitzt, schleicht sich B hinaus und öffnet den Spind. Er sieht darin die Geldbörse des A liegen. Neugierig öffnet er die Geldbörse und findet darin die Scheckkarte des A sowie einen Zettel mit Ziffern. Er entnimmt die Karte und geht schnell zum Bargeldautomaten einer nahe gelegenen Bank, um Geld vom Konto des A abzuheben. Wie er erwartet hatte, war auf dem Zettel die PIN-Nummer zum Konto des A verzeichnet. Nachdem er 400,- EUR abgehoben hat, schleicht er sich zurück in die Umkleideräume und legt Scheckkarte und Zettel unbemerkt zurück. Erst Tage später stellt A auf seinem Kontoauszug die Abhebung von seinem Konto fest. Strafbarkeit des B?

Lösungsvorschlag

I. B könnte sich gem. § 242 StGB strafbar gemacht haben, als er die Scheckkarte an sich nahm.

Die Scheckkarte ist eine fremde bewegliche Sache, die der A in seinem Gewahrsam hatte. Während seines Aufenthaltes in der Sauna trat lediglich eine Gewahrsamslockerung ein, er hat jedoch weiterhin den Gewahrsam. Indem B die Karte an sich genommen hat, begründete er neuen, eigenen Gewahrsam. Da dies auch ohne den Willen des A geschah, hat B den Gewahrsam des A auch gebrochen. Der objektive Tatbestand des Diebstahls liegt daher vor.

Vorsatz hinsichtlich aller objektiven Tatbestandsmerkmale ist ebenfalls gegeben.

Fraglich ist, ob der B mit der erforderlichen Zueignungsabsicht gehandelt hat. Er hatte von Anfang an vor, diesen Gegenstand dem A wieder zurück zu bringen. Es lag also nicht in seinem Willen, den A aus seiner Eigentümerposition zu verdrängen, ihn also zu enteignen. Die Sache selbst - die Scheckkarte - wollte der B sich also nicht zueignen.

Möglicherweise hat sich aber der B den Sachwert zugeeignet. Dies wäre dann der Fall, wenn das abgehobene Geld, das dem A entzogen worden ist, ein in der Karte verkörperter Sachwert gewesen wäre. Die Scheckkarte ist jedoch nur das Mittel, um an das Konto gelangen zu können. Das auf dem Konto befindliche Geld ist daher nicht ein in der Karte verkörperter Sachwert. Folglich liegt auch unter Sachwertgesichtspunkten keine Zueignungsabsicht vor.

B hat sich insoweit nicht gem. § 242 StGB strafbar gemacht.

II. B könnte sich gem. § 263 StGB strafbar gemacht haben, als er am Geldautomaten das Geld abhob.

Erforderlich wäre eine Täuschungshandlung des B. Getäuscht werden kann aber nur ein Mensch. Nach dem Sachverhalt hat der B keine Person getäuscht, sondern lediglich Eingaben am Geldautomaten gemacht, so dass eine Täuschungshandlung und damit eine Strafbarkeit nach § 263 StGB ausscheidet.

III. B könnte sich aber gem. § 263 a StGB am Geldautomaten strafbar gemacht haben.

Indem B am Geldautomaten die Karte eingeführt und die zum Konto gehörige Geheimzahl eingegeben hat, hat er Daten verwendet. Da er zur Benutzung der Karte und der Geheimzahlen nicht berechtigt gewesen ist, geschah dies auch unbefugt.

Fraglich ist aber, ob der B hierdurch einen Datenverarbeitungsvorgang beeinflusst hat. Dies setzt voraus, dass die Handlung des B in irgendeiner Weise im Ergebnis dieses Vorgangs zum Ausdruck kommt. Da der B den Datenverarbeitungsvorgang durch die Eingabe der Karte ausgelöst hat, also nicht eigentlich in einen bereits laufenden Datenverarbeitungsprozess eingegriffen hat, erscheint dies fraglich. Derartig eng darf der Tatbestand allerdings nicht ausgelegt werden. Der Geldautomat war von der Bank aufgestellt worden und befand sich bereits in Betrieb; der Datenverarbeitungsvorgang ist also nicht erst durch den B in Gang gesetzt worden. Vielmehr lief das Gerät und damit ein Datenverarbeitungsvorgang bereits. In diesen Ablauf hat der B so eingegriffen, dass durch den Automaten eine Auszahlung erfolgte.

Das Verarbeitungsergebnis muss die Qualität einer Vermögensverfügung in dem Sinne haben, dass es vermögenserheblich ist und unmittelbar vermögensmindernd wirkt. Da das Geld ausgezahlt und das Konto des A entsprechend belastet wurde, ist dies der Fall.

Der weiter notwendige Vermögensschaden ist mit dem Geldverlust bei A eingetreten. Dieser Schaden beruht auch auf der vorgenannten Manipulation. Der objektive Tatbestand ist damit gegeben.

Vorsatz und Bereicherungsabsicht liegen vor. Da der B auch rechtswidrig und schuldhaft handelte, ist er gem. § 263 a StGB strafbar.
IV. B könnte sich gem. § 242 StGB wegen Diebstahls des Geldes strafbar gemacht haben.

Dann müsste es sich bei dem entnommenen Geld um eine fremde bewegliche Sache gehandelt haben. Zunächst stand das Geld im Eigentum der Bank, eine fremde bewegliche Sache lag damit vor.

Fraglich ist aber, ob die Fremdheit infolge wirksamer Übereignung entfällt. In dem Auswerfen der Geldscheine bringt die Bank zum Ausdruck, dass sie das Eigentum daran auf den Automatennutzer übertragen will.

Allerdings lässt sich vertreten, dass dieses Angebot der Bank unter der Bedingung steht, dass der Automat ordnungsgemäß bedient und von einem Berechtigten mit einer ordnungsgemäßen Karte bedient wurde. Hier handelt aber ein Nichtberechtigter, so dass die Bedingung nicht erfüllt ist, ein wirksames Übereignungsangebot der Bank scheidet aus. Mangels Übereignung bleiben die Scheine also für B fremde bewegliche Sachen.

Diese müsste er weggenommen, also zunächst fremden Gewahrsam gebrochen haben. Zunächst hatte die Bank, nach Entgegennahme der B Gewahrsam daran. Einem Gewahrsamsbruch könnte aber ein Einverständnis entgegenstehen. Grundsätzlich ist ein solches Einverständnis der Bank anzunehmen. Allerdings könnte hier entgegenstehen, dass der Automat durch einen Nichtberechtigten bedient wird. Für ein wirksames Einverständnis soll es aber genügen, wenn der Automat äußerlich ordnungsgemäß bedient wird. Dies ist hier der Fall. Folglich liegt ein die Wegnahme ausschließendes Einverständnis vor.

B hat sich also nicht gem. § 242 StGB strafbar gemacht als er das Geld abhob.

Wiederholungsfragen zum 5. Kapitel

1. Welches Tatbestandsmerkmal des § 263a entspricht der Täuschungshandlung beim Betrug?	Die Manipulation am Programmablauf
2. Welches Merkmal steht bei § 263 a dem Irrtum gleich?	Das Ergebnis des Datenverarbeitungsvorgangs
3. Welche Folgen müssen diese beiden Tatbestandsmerkmale ausgelöst haben?	Durch das Ergebnis des so manipulierten Datenverarbeitungsvorgangs muss unmittelbar ein Vermögensschaden ausgelöst worden sein.
4. Welches Verhältnis besteht zwischen § 264 und § 263?	§ 264 ist gegenüber § 263 ein eigenständiges Delikt.
5. Welcher Unterschied besteht zu § 263?	§ 263 erfordert zur Vollendung einen eingetretenen Schaden, bei § 264 ist eine abstrakte Gefährdung des Vermögens ausreichend.
6. Müssen bei § 264 die falschen Angaben die Subventionserteilung bewirkt haben?	Nein
7. Was genügt insoweit?	Es genügt, dass die Angaben im Zeitpunkt ihres Vorbringens geeignet erscheinen, das Subventionsverfahren positiv zu beeinflussen.
8. Was versteht man unter der betrügerischen Absicht des § 265?	Dass es Ziel des Täters ist, sich Leistungen aus der Versicherung zu verschaffen.

9. Welches Verhältnis besteht zwischen dem § 265a und § 263?

§ 265a ist subsidiär

10. Woraus ergibt sich das?

Aus dem Wortlaut, wonach Voraussetzung ist, dass die Tat nicht nach einer anderen Norm mit schwererer Strafe bedroht ist.

11. Wie definiert man das „Erschleichen"?

Gezieltes Umgehen von Kontrollmaßnahmen oder dass der Täter sich äußerlich den Anschein ordnungsgemäßen Verhaltens gibt.

12. Greift § 265a auch ein, wenn die Leistung unentgeltlich erfolgt?

Nein.

13. Worauf ist § 265a nicht anzuwenden?

Auf Warenautomaten

14. Wird auch das bloße Ausnutzen eines technischen Defektes von § 265a erfasst?

Nein

6. Kapitel
Untreue § 266 StGB

§ 266 StGB schützt das **Vermögen** des Betroffenen gegen Schäden, die ihm von einem für das Vermögen Verantwortlichen zugefügt werden. § 266 StGB enthält **zwei Tatbestände**, die streng auseinander zu halten sind:

> **Missbrauchstatbestand** § 266 Abs.1, 1.Alt. StGB
> **Treubruchstatbestand** § 266 Abs.1, 2.Alt. StGB

Der **Missbrauchstatbestand** ist eine gegenüber dem allgemeineren Treubruchstatbestand **speziellere Regelung**, so dass in der Klausur mit dieser Prüfung zu beginnen ist.

Missbrauchstatbestand § 266 Abs.1, 1.Alt. StGB

Prüfungsschema zu § 266 Abs.1, 1.Alt. StGB (Missbrauchstatbestand)

> **A. Tatbestand**
>
> **I. objektiver Tatbestand**
>
> 1. Befugnis, über fremdes Vermögen zu verfügen
> 2. Missbrauch dieser Befugnis
> 3. Vermögensbetreuungspflicht gegenüber dem Geschädigten
> 4. Vermögensnachteil beim Geschädigten
>
> **II. subjektiver Tatbestand = Vorsatz hinsichtlich aller Merkmale des objektiven Tatbestandes**
>
> **B. Rechtswidrigkeit**
>
> **C. Schuld**
>
> **D. ggf. Antrag als Strafverfolgungsvoraussetzung § 266 Abs. 3 StGB**

Der Missbrauchstatbestand setzt voraus, dass der Täter kraft Gesetzes, behördlichen Auftrags oder Rechtsgeschäfts die Befugnis hat, über fremdes Vermögen zu verfügen oder einen anderen zu verpflichten.

Täter kann nur sein, wer dem Vermögensträger gegenüber im Zeitpunkt der Tathandlung treuepflichtig ist. Diese Treuepflicht kann aus verschiedenen Grundlagen erwachsen sein:

1. **Die Rechtsstellung kraft Gesetzes** erwächst, wenn jemandem eine besondere Stellung aufgrund gesetzlicher Regelung zukommt. Das sind Beziehungen, die sich in Anknüpfung an natürliche oder rechtliche Gegebenheiten unmittelbar aus dem Gesetz ergeben. Dies kann die elterliche Sorge (§§ 1629, 1705 BGB) sein, aber auch die Ehe (§ 1357 BGB). Vielfach beruht die Stellung aber auch auf einem behördlichen oder gerichtlichen Auftrag, der einen Bestellungsakt voraussetzt.

> **Bsp.**: *Vormund, Betreuer, Pfleger, Nachlassverwalter, Insolvenzverwalter, Testamentsvollstrecker und Gerichtsvollzieher. BGH NStZ-RR 2013, 344*
>
> **Bsp.**: *Dr. S verschreibt dem Erkrankten N hochwertige Infusionslösungen in einer größeren Menge, obwohl eine entsprechende ärztliche Indikation nicht vorliegt. Wie verabredet verwendet N die Medikamente anderweitig. - Gegenüber der Krankenkasse des Patienten ist der Arzt gem. § 12 I SGB V verpflichtet, nicht notwendige Leistungen nicht zu verordnen. Tut er es dennoch, macht er sich wegen Untreue gem. § 266 1. Alt. StGB strafbar. BGH NJW 2004, 454 (456)*

2. **Vertretungsmacht kraft behördlichen Auftrags** hat derjenige, der in ein öffentliches Amt berufen wurde, wie z.B. ein Amtsleiter bei der Vergabe eines Auftrags, Bürgermeister, Landrat, Ratsmitglied oder Abgeordneter.

3. **Durch Rechtsgeschäft eingeräumte Befugnis** ist die Vollmacht, in fremdem Namen zu handeln (§ 166 Abs. 2 BGB) sowie die Ermächtigung im eigenen Namen über fremde Rechte zu verfügen (§ 185 BGB).

Rechtsgeschäftlich begründete Vertretungsmacht hat z.B. der Prokurist einer Gesellschaft.

Missbrauch der Befugnis

Missbrauch der Befugnis wird definiert als

> **das Überschreiten des rechtlichen Dürfens**
> **im Rahmen des rechtlichen Könnens**

Der Missbrauch setzt stets eine **nach außen wirksame Rechtshandlung** voraus, so dass Handlungen, in denen der äußere Rahmen der Vertretungsmacht überschritten wird, schon deshalb ausscheiden. In aller Regel sind jedoch die im Außenverhältnis weit gezogenen Vertretungsbefugnisse im Innenverhältnis eingeschränkt. Missbrauch iSd § 266 StGB lässt sich also beschreiben als

> **eine - im Außenverhältnis wirksame - Verletzung**
> **der im Innenverhältnis gezogenen Schranken**

Bsp.: Der A hat für sein Büro einen Kopierer bei B gemietet. Er verkauft dieses Gerät an X, der den A für den Eigentümer hält. - Der X erlangt wirksam Eigentum gem. §§ 929, 932 BGB, da er gutgläubig ist und der Kopierer nicht abhanden gekommen ist. Eine wirksame Befugnis des A, über das Eigentum des B zu verfügen, bestand nicht. § 266 Abs.1, 1.Alt. StGB scheidet daher aus.

Weiteres Bsp.: *Der A ist Prokurist der G-GmbH, die mit Maschinen handelt. Der Geschäftsführer G hat ihm genaue Vorgaben gemacht, zu welchen Preisen die Maschinen verkauft werden dürfen und ihm ausdrücklich untersagt, geringere Preise zu nehmen. Der A verkauft dem X eine Maschine zum Freundschaftspreis, der 1.000 EUR unter diesen Vorgaben liegt. - Der X hat hier Eigentum von G als Berechtigtem erworben, da der A im Rahmen seiner Vertretungsbefugnis für die G-GmbH berechtigt war, Maschinen zu verkaufen (§§ 49 I, 50 I HGB). A hat jedoch die ihm im Innenverhältnis auferlegten Grenzen überschritten, indem er die Maschine unter dem vorgegebenen Preis verkauft hat. Ein Missbrauch iSd § 266 StGB ist daher gegeben.*

Vermögensbetreuungspflicht

Täter des § 266 StGB kann nur sein, wer selbst **vermögensbetreuungspflichtig** ist. Diese Vermögensbetreuungspflicht ist nach h.M. auch beim Missbrauchstatbestand erforderlich. Wen diese Pflicht nicht trifft, der kann nur Teilnehmer sein, wobei § 28 Abs.1 StGB zur Anwendung kommt.

Inhalt der Vermögensbetreuungspflicht ist nach BGHSt 13, 315

> **- die Geschäftsbesorgung für einen anderen**
> **- in einer nicht ganz unbedeutenden Angelegenheit**
> **- mit einem Aufgabenkreis von einigem Gewicht**
> **- und einem gewissen Grad an Verantwortlichkeit**

Nötig ist also ein gewisses Maß an Selbständigkeit, Eigenverantwortung mit Entscheidungsspielraum seitens des Betreuungspflichtigen. Dabei muss diese Vermögensbetreuungspflicht eine **Hauptpflicht des Pflichtigen** gegenüber dem Geschädigten sein, also eine wesentliche Vertragspflicht und **nicht nur eine Nebenpflicht.**

Bsp: Der V war Verwalter der Wohnungseigentümergemeinschaft Schlossallee 1. In dieser Eigenschaft verwaltete er sowohl das Gemeinschaftskonto der Wohnungseigentümer als auch die Mietkautionen der Mieter von vermieteten Eigentumswohnungen dieser Anlage. Als er in Vermögensverfall geriet, bediente sich der V an diesen Geldern. - Die Aufgabe, diese Gelder zu verwalten, beinhaltet die in § 266 StGB geforderten Treupflichten. Die Verletzung dieser Pflichten erfüllt den Tatbestand der Untreue (BGH NJW 1996, 65).

Das Interesse, einen Vertrag zu erfüllen und auf den Vertragsgegner Rücksicht zu nehmen, ist allein keine die Untreue begründende Pflicht. Die Abrede, übergebene Ware weiterzuverkaufen und den Erlös abzuführen, löst für sich allein keine Vermögensbetreuungspflicht im Sinne des Untreuetatbestandes aus.

OLG Düsseldorf NJW 1998, 690.

Bsp: Der A erhielt von der Fa. X Waren, die er in seinem Laden weiterverkaufen sollte. Dabei wurde vereinbart, dass der Erlös von A an die Fa. X abgeführt werden sollte. Aufgrund seiner schlechten finanziellen Lage verbrauchte der A das Geld, um andere Schulden zu decken.

Ob die Treuepflicht auch bei einem wegen Gesetzes- oder Sittenwidrigkeit nichtigen Rechtsgeschäft bestehen kann, ist strittig (sog. **Ganovenuntreue**). Teilweise wird dies abgelehnt mit dem Hinweis, das Strafrecht könne nicht schützen, was im Zivilrecht missbilligt werde.

Bsp.: *Dieb D übergibt dem Hehler H das Diebesgut zum Weiterverkauf. H behält den Erlös für sich.*

Die Gegenansicht führt aus, dass es keinem Täter gestattet werden könne, sich an einer vermögenswerten - wenn auch rechtswidrig erlangten - Vermögensposition des Betroffenen zu vergreifen.

BGHSt 20, 143, 146; zum Streit:: Schönke-Schröder-Lenckner/Perron, § 266, 31.

Im Falle der Beendigung eines Betreuungsverhältnisses nach §§ 1896 ff BGB durch den Tod des Betreuten gehört die Abwicklung des Betreuungsverhältnisses mit den Rechtsnachfolgern zu dem von der Treupflicht des § 266 Abs.1 Alt. 2 StGB umfassten Tätigkeitsbereich des Betreuers (OLG Stuttgart NStZ 1999, 246)

Vermögensnachteil

Im Grundsatz ist der Vermögensnachteil iSd § 266 StGB mit dem Schaden iSd § 263 StGB identisch. Erforderlich ist die **Identität zwischen dem geschädigten und dem durch die Betreuungspflicht zu schützenden Interesse.**

Vollendung

Vollendet ist der Tatbestand des § 266 StGB mit dem **Eintritt dieses Vermögensnachteils.**

subjektiver Tatbestand

Der weite Rahmen des objektiven Tatbestandes der Untreue macht es erforderlich, strenge Anforderungen an den Nachweis der inneren Tatseite zu stellen. Das gilt vor allem dann, wenn - hinsichtlich des Schadens - lediglich bedingter Vorsatz in Betracht kommt und der Täter nicht eigensüchtig handelt. Der Täter muss sich nicht nur der Pflichtwidrigkeit seines Verhaltens, sondern auch des dadurch bewirkten Vermögensnachteils bewusst sein (BGH StV 2000, 490).

Beachten Sie: der Versuch des § 266 StGB ist straflos!

Treubruchstatbestand § 266 Abs. 1 2. Alt. StGB

Tathandlung des Treubruchstatbestandes ist die

Verletzung der Vermögensbetreuungspflicht.

Prüfungsschema zu § 266 Abs. I 2. Alt StGB (Treubruchsstatbestand)

A. Tatbestand
 I. objektiver Tatbestand
  1. Pflicht, fremde Vermögensinteressen wahrzunehmen (Vermögensbetreuungspflicht als Hauptpflicht)
  2. Verletzung dieser Pflicht
  3. Vermögensnachteil beim Geschädigten
 II. subjektiver Tatbestand
  Vorsatz hinsichtlich aller Merkmale des objektiven Tatbestandes
B. Rechtswidrigkeit
C. Schuld
D. ggf. Antrag als Strafverfolgungsvoraussetzung § 266 Abs. 3 StGB

Vermögensbetreuungspflicht als Hauptpflicht

Die im Gesetzeswortlaut genannte Pflicht, fremde Vermögensinteressen wahrzunehmen (Vermögensbetreuungspflicht) setzt eine **Pflichtverletzung im Außenverhältnis** voraus. Es muss also ein **Treueverhältnis gehobener Art** mit Pflichten von einigem Gewicht bestehen, zu deren Erfüllung dem Verpflichteten ein gewisser Spielraum, eine gewisse Selbständigkeit und Bewegungsfreiheit gerade bei der Betreuung der fremden Vermögensinteressen eingeräumt ist.

Der **wesentliche Inhalt des Treueverhältnisses** muss gerade die **Wahrnehmung fremder Vermögensinteressen** sein. Die Wahrnehmung dieser fremden Interessen muss dabei wesentlicher Bestandteil des Verhältnisses zwischen dem Treugeber und dem Täter sein. Es genügt also nicht die jedem Vertrag eigene allgemeine Pflicht aus § 242 BGB, auf die Interessen des Partners Rücksicht zu nehmen.

126

Bsp.: *Der A kauft unter Eigentumsvorbehalt eine Waschmaschine im Geschäft des G, die dieser dem A ins Haus liefert. Nach einer Woche verkauft der A die Waschmaschine an den gutgläubigen X. - Aus dem Kaufvertrag ergibt sich für den A als Hauptpflicht die Verpflichtung, den vereinbarten Kaufpreis zu zahlen. Zwar besteht auch die aus § 242 BGB abgeleitete Nebenpflicht, Schädigungen des Vertragspartners G zu unterlassen. Diese Nebenpflicht begründet jedoch kein Treueverhältnis iSd § 266 StGB. Es liegt aber eine Unterschlagung vor.*

Bsp.: *F ist Filialleiter eines Supermarktes, der gelegentlich auch an der Kasse sitzt, wenn viel Betrieb ist. Die K ist Kassiererin. Als gute Freunde der beiden mit einem Korb voller Waren an der Kasse erscheinen, lässt K einige Gegenstände auf dem Laufband durchrollen, ohne sie für die Rechnung zu erfassen. Der F beobachtet dies, schreitet jedoch nicht ein. - Sowohl F als Filialleiter als auch die K als Kassiererin sind nach ihrem Arbeitsvertrag gehalten, die Vermögensinteressen des Supermarktes wahrzunehmen. Allerdings ist diese Pflicht bei K lediglich eine Nebenpflicht, während sich bei F aus seiner Position als Filialleiter eine andere Bewertung ergibt. Da er als Leiter der Filiale die gesamte Aufsicht über die Geschäftsräume und Waren hat, ihm hier ein erheblicher Spielraum und eine gewisse Selbständigkeit eingeräumt ist und diese im Interesse des Supermarktes auszuüben hat, ist bei ihm die Vermögensbetreuungspflicht eine Hauptpflicht. Bei F ist § 266 zu bejahen.*

Verletzung der Vermögensbetreuungspflicht

Tathandlung ist die **Verletzung** gerade der spezifischen **Pflichten** aus dem durch das Treuverhältnis begründeten Pflichtenkreis. Diese Verletzung kann ein Rechtsgeschäft ebenso sein wie ein tatsächliches Verhalten durch Tun oder Unterlassen.

Bsp.: *Der Filialleiter F einer Sparkasse bemerkt, wie der Anlageberater A Kundengelder auf sein eigenes Konto abzweigt. Gleichwohl unternimmt er nichts dagegen. - Der F, dessen Hauptpflicht aus dem Arbeitsvertrag es ist, die Vermögensinteressen der Sparkasse zu wahren, verletzt hier seine Pflichten durch Unterlassen, indem er den A unbehelligt die Transaktionen vornehmen lässt.*

Zur Untreue bei der Vergabe von **Subventionen** siehe BGH NJW 2003, 2179, bei Finanztransaktionen in **Aktiengesellschaften** (Zuwendungen an den **Vorstand**): BGH NJW 2006, 522 und BGH NJW 2006, 453.

Vermögensnachteil

Beim Vermögensnachteil ergeben sich im Rahmen des Treubruchstatbestandes gegenüber dem Missbrauchstatbestand keine Besonderheiten. Zur Feststellung des Vermögensnachteils bei schadensgleicher Vermögensgefährdung reicht die bloße Gefahr einer Inanspruchnahme alleine nicht aus. Voraussetzung ist vielmehr, dass mit wirtschaftlichen Nachteilen ernsthaft zu rechnen ist (BGH 5 StR 309/12).

Zur gewerbsmäßigen Untreue s. BGH wistra 2013, 390

Missbrauch von Scheck - und Kreditkarten § 266 b StGB

§ 266b StGB erfordert den Missbrauch der durch die Überlassung der Kredit- oder Scheckkarte eingeräumten Möglichkeit, den Aussteller der Karte zu einer Verfügung zu veranlassen und ihm dadurch einen Vermögensschaden zuzufügen. Geschützt wird allein das Vermögen des Kartenausstellers.

Täter des Delikts kann nur der **berechtigte Inhaber** der Scheck- oder Kreditkarte sein. Ein Missbrauch liegt dann vor, wenn

der Täter die ihm im Innenverhältnis eingeräumte Befugnis überschreitet.

Bsp.: *X ist Inhaber einer Scheckkarte seiner Bank; ihm ist eine Geheimzahl (PIN-Nr.) zugeteilt worden, mit der er am Geldautomaten Bargeld abheben kann. Als er in finanzielle Schwierigkeiten gerät und sein Konto erheblich überzogen hat, teilt ihm die Bank mit, dass weitere Überziehungen nicht hingenommen werden können. Dennoch geht X mit seiner Karte an dem Geldautomaten einer anderen Bank und hebt Bargeld ab. - Hier nutzt X die ihm eingeräumten Möglichkeiten, Bargeld mit Hilfe seiner Karte abzuheben, obwohl ihm durch das Schreiben der Bank dies im Innenverhältnis wirksam untersagt worden ist.*

Auf der **subjektiven Seite** ist mindestens **bedingter Vorsatz** erforderlich.

Wiederholungsfragen zum 6. Kapitel

1. Welche beiden Tatbestände sind bei § 266 StGB zu unterscheiden?

Missbrauchstatbestand, § 266 Abs.1, 1. Alt. Treubruchstatbestand, § 266 Abs.1, 2. Alt StGB

2. Welche Tatbestandsmerkmale sind in beiden Alternativen erforderlich?

Nach h.M. eine Vermögensbetreuungspflicht gegenüber dem geschädigten Vermögen. Außerdem muss ein Nachteil objektiv eingetreten sein.

3. Was ist unter dem Nachteil iSd § 266 StGB zu verstehen?

Er entspricht dem Schadensbegriff in § 263 StGB.

4. Was ist wesentliches Tatbestandsmerkmal des § 266 Abs.1, 1. Alt.?

Missbrauch einer dem Täter eingeräumten Befugnis, über fremdes Vermögen zu verfügen.

5. Woraus kann sich die Verfügungsbefugnis ergeben?

Aus Gesetz, behördlichem Auftrag oder Rechtsgeschäft.

6. Wann liegt ein Missbrauch der Verfügungsbefugnis vor?

Wenn der Täter - im Außenverhältnis wirksam - mehr tut, als er im Innenverhältnis darf.

7. Liegt ein Missbrauch auch vor, wenn der äußere Rahmen der Verfügungsbefugnis überschritten wird? Begründung?

Nein. Der Missbrauch setzt stets eine nach außen wirksame Rechtshandlung voraus, so dass Handlungen, die den äußeren Rahmen der Vertretungsmacht überschreiten, § 266 nicht erfüllen.

8. Was setzt ein Treueverhältnis voraus?

Pflichten von einigem Gewicht, zu deren Erfüllung dem Verpflichteten ein gewisser Spielraum, eine gewisse Selbständigkeit und Bewegungsfreiheit eingeräumt ist.

9. Was ist also erforderlich, was genügt nicht?

Erforderlich ist eine Hauptpflicht; vertragliche Nebenpflichten reichen nicht aus.

7. Kapitel

Hehlerei § 259 StGB

Prüfungsschema zu § 259 StGB

A. Tatbestand
I. objektiver Tatbestand
1. Tatobjekt
   a. Sache,
   b. die ein anderer
   c. gestohlen oder durch eine gegen fremdes Vermögen gerichtete rechtswidrige Vortat erlangt hat
2. Tathandlungen
   a. Ankaufen,
   b. sich oder einen Dritten verschaffen,
   c. Absetzen oder
   d. beim Absatz helfen
II. subjektiver Tatbestand
1. Vorsatz
2. Absicht, sich oder einen Dritten zu bereichern
III. Rechtswidrigkeit
IV. Schuld
V. ggf. Antragserfordernis gem. §§ 259 II iVm. §§ 247 oder 248 a

Die Hehlerei ist ein Vermögensdelikt. Der Unrechtsgehalt dieses Delikts besteht darin, dass der Täter zu einer Verschiebung des beim Vortäter vorhandenen rechtswidrigen Besitzes beiträgt und auf diese Weise die Chance des Opfers der Vortat schmälert, seine Sache zurück zu erlangen. Der durch die Vortat geschaffene rechtswidrige Vermögenszustand wird durch das einverständliche Zusammenwirken mit dem Vortäter im Rahmen der Hehlerei aufrecht erhalten (sog. „Perpetuierung").

Da es sich in der Regel um die Verwertung rechtswidrig erlangter Sachen handelt, wird die Hehlerei als Anschlussdelikt bezeichnet. Wichtig ist an dieser Stelle zu klären, inwieweit der Täter dieser Anschlusstat an der Vortat beteiligt war. War er (Mit-)Täter, entfällt eine Strafbarkeit hinsichtlich der Anschlusstat.

Sache

Tatobjekt der Hehlerei sind fremde, auch tätereigene oder herrenlose Sachen. Nicht erfasst werden Forderungen und Rechte. Papiere, die Ansprüche oder Rechte verkörpern, wie Wechsel, Schecks, Sparbücher, Fahrkarten, Disketten, CDs, Grundschuldbriefe oder Gepäckscheine stellen Sachen dar und unterfallen damit § 259 StGB.

Die Definition der Sache entspricht der beim Diebstahl.

Bsp.: *J erlegt ein Reh im Wald des Jagdherrn H. Er verkauft es an den R, der in seinem Lokal gerne schmackhafte – für ihn günstige – Wildspezialitäten anbietet.*

Weiteres Bsp.: *X verkauft dem Y sein Fahrrad unter Eigentumsvorbehalt. Nach kurzer Zeit bereut er den Verkauf, weil dieses Fahrrad das letzte Geschenk seines Opas war. Er bittet seine Schwester S, dem Y das auf dem Hof des Y verschlossene Fahrrad unter Verwendung des Zweitschlüssels, den A noch in Besitz hat, wegzuholen. - S hat sich gemäß § 289 StGB (Pfandkehr) und X hat sich gemäß § 259 StGB (Hehlerei) strafbar gemacht.*

Vortat

Die Sache muss durch eine gegen fremdes Vermögen gerichtete rechtswidrige Tat erlangt worden sein.

Dabei muss der Vortäter die Sachherrschaft an dem Hehlereiobjekt vor dem Beginn der Hehlereihandlung bereits erlangt haben. Allerdings muss die Vortat noch nicht beendet, die Beute aber bereits gesichert sein. Die Erlangung der Sache durch den Vortäter und die Hehlereihandlung können unmittelbar aufeinander folgen.

Versuch ist als Vortat dagegen nach h.M nur ausreichend, wenn der Vortäter hierdurch die Sachherrschaft an der Beute erlangt hat. (BGH StV 1996, 81, 82)

Bsp.: *Der Z hat einen Fernseher gemietet. Als er in finanzielle Schwierigkeiten gerät, verkauft er den Fernseher an den X. - Hier liegt die Unterschlagungshandlung des Z gerade in dem Verkauf an den X. Die Mindermeinung lässt hier den Versuch der Unterschlagung als Vortat ausreichen, der im Verkaufsangebot des Z zu sehen ist; dann ist gleichzeitig Hehlerei des X zu bejahen. Verlangt man mit der h.M. aber, dass der Vortäter Z die Sachherrschaft an dem Hehlereiobjekt vor dem Beginn der Hehlereihandlung bereits erlangt haben muss, dann scheidet bei X eine Hehlerei aus. X ist nur der Beihilfe zur Unterschlagung schuldig.*

Die Vortat kann nicht nur ein Diebstahl (§§ 242-248a StGB) oder ein Vermögensdelikt sein. In Betracht kommt jede gegen fremde Vermögensinteressen gerichtete Tat, so etwa auch Untreue, Begünstigung, Nötigung, unbefugter Gebrauch eines KfZ, Pfandkehr und Hehlerei.

Bsp.: *S ist hoch verschuldet. Der Gerichtsvollzieher hat in seiner Wohnung einen Farbfernseher gepfändet. S reißt das Pfandsiegel ab und verkauft den Fernseher an X, der von der Pfändung Kenntnis hatte. - S hat eine Pfandkehr (§ 289) begangen; dies ist eine gegen fremde Vermögensinteressen gerichtete Vortat. Die Sachherrschaft hatte S bereits vorher. X macht sich wegen Hehlerei strafbar. Auch die Tatsache, dass es sich bei dem Tatobjekt um die eigene Sache des S handelt, schließt die Hehlerei des X nicht aus.*

Nicht ausreichend sind dagegen Straftaten, die lediglich öffentliche Interessen schützen wie z.b. eine Urkunden- oder Geldfälschung; Verstrickungs- und Verwahrungsbruch, Bestechungsdelikte, Betäubungsmitteldelikte sowie Versicherungsbetrug und Verstöße gegen die öffentliche Ordnung und polizeiliche Vorschriften.

Bsp.: *Der K fertigt an einem Farbkopierer falsche 10-€-Scheine an. Um den Absatz zu beschleunigen, verkauft er ein Päckchen der Geldscheine an seinen Freund F. - Die Geldfälschung ist keine taugliche Vortat für die Hehlerei, da diese Bestimmung nur die Sicherheit des Geldverkehrs schützt. Es liegt also keine gegen fremde Vermögensinteressen gerichtete Vortat vor, so dass § 259 StGB ausscheidet.*

Bsp.: *Der B nimmt als Beamter des öffentlichen Dienstes Bestechungsgelder entgegen. Aufgrund später einsetzender Reue vertraut er sich dem H an. H überredet den B dazu, ihm das erlangte Geld zu schenken - . Auch in diesem Beispiel liegt keine Hehlerei vor, da das Geld nicht durch eine gegen fremdes Vermögen gerichtete Tat erlangt wurde, sondern allenfalls das öffentliche Interesse an der Unbestechlichkeit von Beamten betroffen wurde.*

Die Sache muss im Zeitpunkt der Vortat bereits existieren und nicht erst durch diese hergestellt werden. Dies bezieht sich zum einen auf unerlaubtes Kopieren von Filmen und Computerprogrammen auf Videos, CDs und DVDs (sog. „Raubkopien") und zum anderen auf Urkunden und Münzen.

Die Vortat muss rechtswidrig sein. Kann sich der Vortäter also auf einen Rechtfertigungsgrund berufen, scheidet Hehlerei aus.

Vortäter

Nach dem Gesetzeswortlaut muss die Vortat von einem anderen begangen sein. Damit scheidet der Täter der Vortat selbst als Hehler aus; auch Mittäter und mittelbare Täter können nicht Hehler sein. Diese Einschränkung führt sogar dazu, dass der Vortäter nicht Anstifter einer Hehlerei sein kann. Teilweise verneint man bereits den Tatbestand der Anstiftung, teilweise sieht man die Anstiftung als mitbestrafte Nachtat an.

Sch-Sch-Stree § 259 Rn 58; Lackner-Kühl § 259 Rn 18

Bsp.: *A und B haben gemeinsam einen Einbruch begangen und teilen die Beute. Im Anteil des B ist ein Schmuckstück, das der A gerne haben will. Er kauft es dem B ab. - Hier ist keine Hehlerei des A gegeben, da der A Mittäter der Vortat ist und damit als Hehler ausscheidet.*

Dagegen können Anstifter und Gehilfen der Vortat wiederum Täter der Hehlerei sein.

Bsp.: *X weiß, dass im Hause des Z ein wertvolles Bild hängt. Er überredet den E, in das Haus einzudringen. Der E nimmt seinen Freund F mit, der ihm die Leiter hält, mit deren Hilfe er ins Haus gelangt. Er verspricht dem F für seine Dienste Geld. E entwendet das Bild und einige Schmuckstücke. Der X erhält das Bild von E gegen Bezahlung. Als F den Schmuck sieht, kauft er ihn dem E ab. - Der E begeht einen Einbruchsdiebstahl. X ist Anstifter des Diebstahls; F begeht Beihilfe. Beide sind taugliche Täter der Hehlerei und machen sich gem. § 259 strafbar.*

Taugliches Tatobjekt

§ 259 StGB erfasst als strafbares Verhalten nur die unmittelbare Weitergabe der rechtswidrig erlangten Sache, nicht aber die Weitergabe einer aus dem Erlös der Vortat erlangten Sache. Diese sog. Ersatzhehlerei ist straflos.

Bsp.: Der A hat bei einem Einbruch einen Ring erbeutet, den er seiner Freundin B schenkt. Dabei erzählt er der B von seinem Einbruch. - Der Ring stammt hier unmittelbar aus einer Straftat, nämlich dem Einbruchsdiebstahl des A. Indem die B in Kenntnis dieser Umstände den Ring annimmt, macht sie sich wegen Hehlerei strafbar.

Bsp.: Der K hat bei einem Diebstahl einen Video-Recorder erbeutet, den er an den X verkauft. Dabei täuscht er dem X vor, es handele sich um sein Gerät. Der X zahlt 300 EUR. Das Geld übergibt der K seinem Freund Z, der in die Sache eingeweiht ist. - Der Video-Recorder ist unmittelbar durch den Diebstahl erlangt worden. Dieses Gerät gelangt jedoch nicht an den Z, sondern lediglich das Bargeld. Eine Hehlerei am Recorder scheidet daher aus. Das Geld seinerseits ist nicht durch den Diebstahl erlangt worden. Allerdings hat der K den X darüber getäuscht, dass er Eigentümer des Geräts sei. Der X hat aufgrund dieses Irrtums gezahlt – also über sein Vermögen verfügt – und auch einen Schaden erlitten, da er an dem gestohlenen Recorder kein Eigentum erwerben konnte (§ 935 BGB). Der X hat also das Geld durch einen Betrug erlangt, das in die Verfügungsgewalt des Z gelangt. Dieser Betrug ist seinerseits Vortat der Hehlerei des Z. Tatobjekt dieser Hehlerei ist dabei aber nicht der gestohlene Videorecorder, sondern das durch Betrug erlangte Geld.

In solchen Fällen ist also sehr genau zu untersuchen, welche Delikte der Vortäter begeht; anschließend muss genau differenziert werden, welche Gegenstände in die Hände der möglicherweise wegen Hehlerei strafbaren Person gelangen.

Bsp.: Der D hat Bargeld unterschlagen, von dem er bei dem Händler H einen Fernseher kauft. Diesen schenkt er seiner Frau F, die von dem Diebstahl weiß. - Unmittelbar aus der Straftat der Unterschlagung ist das Bargeld erlangt worden, das jedoch die F nicht erhält.

Das unterschlagene Geld scheidet daher als taugliches Hehlereiobjekt aus. Der Fernseher stammt nicht aus einer Straftat, sondern ist vom D durch Kauf erworben worden. Da der H gutgläubig Eigentum am Geld erwirbt, erlangt der D den Fernseher nicht durch Betrug. Hier scheidet also auch der von der Beute erworbene Gegenstand als taugliches Tatobjekt der Hehlerei aus. Die Entgegennahme des Fernsehers durch F stellt lediglich eine straflose Ersatzhehlerei dar.

Weitere Voraussetzung der Hehlerei ist, dass im Zeitpunkt der Hehlereihandlung die rechtswidrige Vermögenslage fortbesteht (Perpetuierung). Es sind aber Situationen denkbar, in denen die rechtswidrige Vermögenslage nicht fortbesteht, sondern endet. Dies ist insbesondere dann der Fall, wenn eine Sache im Sinne von § 950 BGB verarbeitet oder im Sinne von § 948 BGB vermischt wird. Zu beachten ist in diesem Zusammenhang besonders die Vermischung von eigenem und gestohlenem Geld. Wenn dies geschieht, besteht die rechtswidrige Vermögenslage nicht fort. Ein anderer wichtiger Fall der Beendigung der rechtswidrigen Vermögenslage ist der unanfechtbare und gutgläubige Eigentumserwerb.

Bsp.: *M stiehlt dem A eine wertvolle Münzsammlung und verkauft sie „unter der Hand" zu einem sehr guten Preis an K. Das Geld gibt der M zur Hälfte seiner Frau für den anstehenden Kindergeburtstag. Sie legt das Geld – in Kenntnis seiner Herkunft - gut weg.- A ist weiterhin Eigentümer der Münzsammlung; ein gutgläubiger Erwerb durch K scheidet aus, da A die Münzsammlung abhanden gekommen ist. M ist Eigentümer des Geldes geworden; er hat es durch einen Betrug gem. § 263 StGB erlangt. Das Geld ist somit taugliches Objekt für eine Hehlerei, solange die Übereignung von M an K gemäß § 123 I BGB anfechtbar ist. Gemäß § 124 I BGB endet diese Frist nach einem Jahr. In dieser Zeit ist eine Ermittlung wegen Hehlerei gegen M erfolgreich. Wird gegen M erst nach einem Jahr und einem Tag ermittelt und hat K die Übereignung des Geldes nicht angefochten, so hat M unanfechtbar Eigentum an dem Geld erworben; eine Strafbarkeit wegen Hehlerei scheidet aus.*

Eine Sache kann nicht gutgläubig erworben werden, wenn sie abhanden gekommen ist (§ 935 Abs. 1 BGB). In § 935 Abs. 2 BGB ist für Bargeld, Inhaberpapiere und Sachen, die im Rahmen einer öffentlichen Versteigerung erworben wurden, eine Ausnahme von diesem Grundsatz geregelt. Hier liegt also ein gutgläubiger Erwerb vor, so dass die rechtswidrige Besitzlage endet und eine Strafbarkeit wegen Hehlerei nicht gegeben ist.

Bsp.: *Xaver nimmt dem Opa P die Fahrkarte für die geplante Bahnfahrt nach Berlin weg. Er weiß, dass A gerade eine solche Fahrkarte benötigt und verkauft sie ihm. Den Verkaufserlös von € 200 schenkt er seiner Freundin F. A hat die Fahrkarte gem. § 935 Abs. 2 BGB gutgläubig erworben. X ist nicht wegen Betruges, sondern wegen Diebstahls strafbar. F ist nicht wegen Hehlerei strafbar.*

Eine – wie auch immer gestaltete – Rückgabe an den Berechtigten schließt die Hehlerei ebenfalls aus. Denn mit der Rückerlangung der Sache endet die rechtswidrige Vermögenslage. Dies gilt auch dann, wenn der Eigentümer nicht erkennt, dass es sich um sein Eigentum handelt – ausschlaggebend ist die tatsächliche Sachlage.

Tathandlungen der Hehlerei

Die Tathandlungen der Hehlerei sind dadurch gekennzeichnet, dass der Hehler und der Vortäter bzw. der Vorbesitzer einvernehmlich zusammenwirken.
BGH NJW 2013, 2211

Problematisch sind die Fälle, in denen dieses Zusammenwirken nicht auf freiwilliger Basis erfolgt, sondern aufgrund von Täuschung oder Drohung über die Sache verfügt wird. Wenn dem Vortäter die widerrechtlich erlangte Sache ohne dessen Einverständnis durch Nötigung, Raub, Diebstahl oder Erpressung weggenommen wird, dann kommt nach h.M. § 259 StGB nicht zur Anwendung.

Sich oder einem Dritten **verschaffen** ist dann gegeben, wenn der Täter oder der Dritte die tatsächliche Verfügungsgewalt über die Sache im einvernehmlichen Zusammenwirken mit dem Vortäter zu eigenen Zwecken übertragen bekommt. Entscheidend ist, dass eine selbständige Verfügungsmacht erlangt wird und der Vortäter jegliche Möglichkeit verliert, auf die Sache einzuwirken.

> **Bsp.:** *Der Kaufhausangestellte K hat ein Fernsehgerät unterschlagen. Seine Verlobte F bittet ihn, ihr das Gerät zu leihen. - Die F erlangt hier keine eigene Verfügungsgewalt, weil sie das Gerät lediglich auf Zeit besitzt. Hehlerei scheidet daher aus.*

Das **Ankaufen** ist ein Unterfall des Sichverschaffens. Der Abschluss eines schuldrechtlichen Vertrags reicht nicht aus; vielmehr ist die „irgendwie geartete" Übertragung des Besitzes erforderlich. Bei mehreren Tätern reicht es aus, wenn diese untereinander Mitverfügungsbefugnis erlangen.

Absetzen ist die selbständige und wirtschaftliche Verwertung der Sache im Fremdinteresse des Vortäters, **Absatzhilfe** dagegen die unselbständige Verwertung der Sache im Fremdinteresse des Vortäters.

Überwiegend wird die entgeltliche Verwertung der Sache vorausgesetzt.
BGHSt 2, 135; BGH NJW 1976, 1698,1699; Lackner/Kühl § 259 Rn 14.

Umstritten ist, ob beim Absetzen ein **Absatzerfolg** eingetreten sein muss.

Nach h.L. ist dies der Fall. Ist ein Absatzerfolg noch nicht eingetreten, so liege lediglich ein Versuch vor.
Auch die Rechtsprechung verlangt mittlerweile für das vollendete Absetzen – wie auch der Absatzhilfe - die Feststellung eines Absatzerfolges bezüglich des Tatobjektes.
BGH NStZ 2013, 584; sowie auch BGH 5 Ars 34/13; Beschluss vom 20.08.2013

> **Bsp.:** *Der K hat eine alte Uhr gestohlen, die der Uhrmacher U für ihn verkaufen soll. Der U gibt in einem Fachblatt eine Anzeige auf. Statt eines Kunden meldet sich aber die Polizei. - Hier hat der U den Auftrag erhalten, die Uhr im Interesse des K zu veräußern, sie also abzusetzen. Dies ist ihm jedoch nicht gelungen. Verlangt man mit der h.L. und der Rspr. einen Absatzerfolg, so ist hier lediglich ein Versuch des U gegeben. Fordert man einen Übergang der Verfügungsgewalt auf einen Dritten, so scheidet hier Vollendung aus, da der U die gestohlene Uhr weiterhin bei sich behält.*

Erforderlich ist in allen Fällen ein **einverständliches Zusammenwirken** mit dem Vortäter, also ein sogenannter **abgeleiteter Erwerb**. Dabei ist beiderseitiges Einvernehmen zwischen Vortäter und Hehler erforderlich.

> *Bsp.: Der Einbrecher E bringt seine Beute zum Antiquitätenhändler A, der über die Herkunft der Gegenstände informiert ist. - Hier bringt der A die Beute an sich in Übereinstimmung mit dem E und verwirklicht so den Tatbestand der Hehlerei.*

An einem einverständlichen Zusammenwirken fehlt es, wenn der "Hehler" keine Kenntnis von der deliktischen Herkunft des Gegenstandes hat. Hehlerei scheidet auch aus, wenn zwar die Herkunft der Sache bekannt ist, der "Hehler" aber ohne Kenntnis oder gegen den Willen des Vortäters Verwertungshandlungen vornimmt.

> *Bsp.: D hat einen Fernseher gestohlen, den er bei seinem Arbeitskollegen A unterstellt, der von der Herkunft des Gerätes keine Kenntnis hat. Nach einiger Zeit erfährt A von dem Diebstahl des D. Daraufhin verkauft A den Fernseher an den X. - Als der A den Fernseher in Verwahrung nimmt, könnte die Tathandlung des Sichverschaffens gegeben sein. Aber der A ist in diesem Zeitpunkt gutgläubig, so dass jedenfalls der Hehlereivorsatz entfällt. Der Verkauf des Fernsehers durch den A an den X stellt ebenfalls keine Hehlerei dar. Diese Tathandlung erfolgt zwar in Kenntnis der Tatsache, dass das Gerät gestohlen ist, aber nicht im Einverständnis des Vortäters D. Vielmehr handelt der A hier eigenmächtig, so dass auch ein Absetzen als Tathandlung ausscheidet.*

Wird der Vortäter durch Drohung dazu bewegt, die Beute an den Hehler weiterzugeben, so ist strittig, ob dennoch ein einverständliches Zusammenwirken vorliegt. So Sch-Sch-Stree, § 259 Rn. 42; a.A. BGHSt 42, 196; Lackner/Kühl § 259, 10.

> *Bsp.: Der A weiß, dass der D ein Radio gestohlen hat. Der D will ihm das Radio nicht verkaufen. Daher droht der A mit einer Anzeige bei der Polizei, wenn er ihm das Radio nicht veräußert. D lässt sich erweichen und verkauft. - Auch hier liegt letztlich ein einverständliches Zusammenwirken zwischen A und D vor. Dass dieses auf einer Drohung beruht, ist nach h.M. unerheblich. Das gleiche gilt für eine Täuschung.*

Der Erwerber muss dabei **eigene tatsächliche Verfügungsgewalt** über das Hehlereiobjekt erhalten. Eigene Verfügungsmacht erlangt nicht nur derjenige, der einen Gegenstand als Eigentum erwerben will, sondern auch jemand, der die Sache als Pfand oder Darlehen bekommt.

> *Bsp.: Der D hat eine wertvolle Uhr gestohlen. In seiner Stammkneipe hat er noch Schulden. Daher verpfändet er die Uhr an den Wirt W, der die Herkunft der Uhr kennt. - Der W hat sich die Uhr verschafft, indem er sie als Pfand zur eigenen Verfügungsmacht bekommen hat. Damit hat er den Hehlereitatbestand erfüllt.*

Das bloße Mitverzehren gestohlener Nahrungs- und Genussmittel stellt keine Hehlerei dar, denn durch das gemeinsame Verspeisen wird keine eigene Herrschaftsmacht über die Nahrungsmittel erlangt.

> *Bsp.: B hat durch einen Betrug eine größere Summe erbeutet. Zur Feier des Tages lädt er seine Freunde X und Y ein. Dabei fordert sie auf, auf seine Kosten kräftig zu essen und zu trinken. - Die Freude X und Y kommen nicht in den Besitz des Geldes, sondern nehmen nur an den mittelbaren Vorteilen, den Speisen und Getränken, teil. Der bloße Mitverzehr stellt keine Hehlerei in Form des Ansichbringens dar, denn allein B als „Gastgeber"*

bestimmt, was er anbietet. X und Y erlangen durch das gemeinsame Verspeisen keine eigene Herrschaftsmacht über die Nahrungsmittel. Es liegt auch keine Absatzhilfe vor, da hier nicht der Verbrauch des Geldes im Interesse des Vortäters gefördert wird.

Sowohl beim Absetzen als auch bei der Absatzhilfe muss die Verwertung der Sache im Fremdinteresse des Vortäters erfolgen. Handelt der Täter nur aus eigenen Interessen, so scheiden diese Tathandlungen aus.

Bsp.: *Der Taschendieb T hat eine wertvolle Uhr erbeutet. Diese gibt er beim Händler H „in Kommission" und verspricht, dem H eine Provision für den Verkauf der Uhr zu geben. - Ein Verschaffen liegt nicht vor, wenn der Täter lediglich als Verkaufskommissionär tätig wird und die Sache ohne Eigeninteresse verkauft. Da die Veräußerung der Uhr durch den U überwiegend im Interesse des T erfolgt, liegt hier kein Verschaffen vor. Jedoch erfüllt der U die Handlungsalternative des Absetzens.*

Der subjektive Tatbestand

Erforderlich ist Vorsatz hinsichtlich der objektiven Tatbestandsmerkmale und die Absicht, sich oder einen Dritten rechtswidrig zu bereichern.

Der Vorsatz setzt die Kenntnis der Vortat in ihren wesentlichen Zügen voraus. Dabei reicht dolus eventualis aus. Außerdem ist das Bewusstsein erforderlich, die Verfügungsmacht über die Sache in einvernehmlichem Zusammenwirken mit dem Vortäter zu erlangen. Bei Absatzhilfe und Absetzen kommt das Wissen des Täters hinzu, die Interessen des Vortäters zu fördern.

Die Bereicherungsabsicht entspricht der Bereicherungsabsicht beim Betrug; Rechtswidrigkeit und Stoffgleichheit sind an dieser Stelle hingegen nicht erforderlich. Der Täter muss eine günstigere Gestaltung seiner materiellen Situation, seiner Vermögenslage, erlangen.

Qualifizierungstatbestände §§ 260, 260 a StGB

Handelt der Täter gewerbsmäßig oder als Bande, dann greift die Qualifizierung des § 260. Liegen beide Voraussetzungen nebeneinander vor, so gilt § 260 a. Die Merkmale der Gewerbsmäßigkeit und der Bande entsprechen denen bei § 244.

1. Welches Rechtsgut schützt § 259 StGB?

Geschütztes Rechtsgut der Hehlerei ist das Vermögen. Strafgrund ist die Aufrechterhaltung einer durch die Vortat geschaffene rechtswidrige Besitzlage im Einverständnis mit dem Vortäter

2. Ist Hehlerei an einem Pfandbrief möglich?

Tatobjekt der Hehlerei kann nur eine Sache sein, nicht aber ein Recht. Allerdings handelt es sich beim Pfandbrief um ein Papier, das einen Anspruch verkörpert. Der Pfandbrief ist also ein taugliches Hehlereiobjekt!

3. Muss die Sache fremd sein?

Nein; Hehlerei verlangt keine Fremdheit der Sache. Hehlereiobjekt kann daher die eigene Sache des Täters (s. § 289 StGB) oder eine fremde Sache sein.

4. Welche Voraussetzungen werden an die Vortat gestellt?

Die Sache muss durch eine gegen fremdes Vermögen gerichtete rechtswidrige Tat erlangt worden sein.

5. Was ist das gemeinsame Element aller Tathandlungen der Hehlerei?

Der Erwerber muss dabei durch einverständliches Zusammenwirken mit dem Vortäter eigene tatsächliche Verfügungsgewalt über das Hehlereiobjekt erhalten.

6. Was versteht man unter der Ersatzhehlerei?

Ersatzhehlerei ist die Hehlerei durch Weitergabe einer aus dem Erlös der Vortat erlangten Sache. Diese ist nicht strafbar, denn § 259 StGB erfasst als strafbares Verhalten nur die unmittelbare Weitergabe der rechtswidrig erlangten Sache selbst.

7. Wie definiert man Absetzen und Absatzhilfe bei § 259 StGB?

Absetzen ist die selbständige, Absatzhilfe dagegen die unselbständige Verwertung der Sache im Fremdinteresse des Vortäters.

8. Welche subjektiven Voraussetzungen sind erforderlich?

Der Täter muss mindestens dolus eventualis hinsichtlich der Vortat in ihren groben Zügen haben und das Bewusstsein, einvernehmlich vom Vortäter die Verfügungsmacht zu erlangen. Außerdem muss der Täter Bereicherungsabsicht haben.